Anclada a tu verdad

Rebeca Martínez Fernández

Anclada a Tu Verdad

Anclada a Tu Verdad

©Copyright 2018 por Rebeca Martínez Fernández

ISBN 978-1-948581-01-1 (*paperback edition*)

Esta confianza nos da plena seguridad; es como el ancla de un barco, que lo mantiene firme y quieto...

Hebreos 6:19 (TLA)

Reconocimientos

A Dios, que me ha guiado por esta travesía y decidió escogerme para dictarme su mensaje, primero para mí y luego para todas esas mujeres que se encuentran en el proceso de espera, en el proceso de fe o simplemente en el proceso de encontrarse a sí mismas.

Al cómplice de mis sueños, mi compañero, mi confidente, mi mejor amigo, mi esposo Rey. Gracias por creer en mí y ser apoyo en todos mis proyectos.

A mis padres, que me criaron y me enseñaron a amar a Jesús desde pequeña. A mi madre le debo tanto, su ayuda, su ejemplo y su enseñanza a luchar las batallas de rodillas.

Mi abogada favorita, Migdalia Maysonet Ruiz, quien me dirige, me orienta y me anima.

Contenido

Introducción

Como trabajadora social, como cristiana y como mujer; he visto y vivido en carne propia cómo nuestra cultura intenta dirigir la vida de todos en una dirección específica. Es como si fuera la lista del supermercado, que si no la compras completa, no puedes hacer la cena. Muchas mujeres hoy, son víctimas de lo que esta cultura produce y lo que las personas con sus comentarios constantes provocan en lo profundo del corazón. Esta insatisfacción contigo misma, esos deseos de transformarte, de pronto, en otra persona como por arte de magia.

Gracias a esta cultura, en mi adolescencia, juventud y adultez temprana, luché por muchos años con una autoestima muy baja que me impedía prácticamente todo, desde hablar con personas, hasta hacer cosas por mí misma sin compañía. Estos comentarios iban desde: ¿por qué no comes para que engordes? hasta ¿qué estás esperando para tener hijos? Por muchos años, caí en la trampa de manejarme según la marea de los requerimientos de todos, menos los míos y mucho menos los de Dios para mí. Tomaba de todo para no escuchar más el: ¡wao, qué flaquita tu eres! Era como si esto se hubiera convertido en el saludo oficial de toda persona que me conocía por primera vez o me encontraba en la calle. Con los años engordé y el comentario se convirtió en: "¡estás comiendo bastante ah!" De igual forma: ¿Cuándo te casas? ¿Cuándo tendrás hijos? ¿Cuándo tendrás el segundo? Son algunas de las presiones típicas de nuestra cultura.

Solo Dios nos puede despojar de esta presión y establecer en nuestros corazones una cultura más saludable: la del Cielo. Esa cultura que no critica, sino que te acepta justo como eres y transforma esas áreas débiles, en fortalezas y testimonios para el beneficio de otros.

Si alguna vez has sido víctima de este tipo de comentarios, este libro es para ti.

Capítulo 1

La Crisis

La Noticia

Quizás en este momento estás atravesando por ese proceso en el que después de años de intentar tener hijos, decides ir al médico para verificar por qué no lo has logrado. Luego de muchos análisis, te han confirmado que tienes problemas para tener hijos o simplemente te han dicho: "NO vas a poder tener hijos". Nadie te prepara para este momento. Cuando eres niña, piensas en tu vida y planificas muchas cosas, pero nunca planificas ni te preparas para la infertilidad. Con esas palabras sientes que te aprietan el pecho y no sabes ni qué pensar. A veces el médico te da una lista de tratamientos que ni entiendes, señalando tus posibilidades y sus efectos secundarios. Aquí comienza tu travesía con la **infertilidad**.

Quizás después de varios abortos espontáneos, te han dicho: "no lo intentes más, hemos tratado todo y no vas a poder sostener a un bebé en tu vientre", "**TIENES Problemas**". Puede ser que luego de tu parto saludable, el médico te diga que tu bebé nació muerto o duró unos minutos de vida solamente. O de pronto, la vida se interrumpió en tu vientre. Aquí comienza la dolorosa y difícil tarea de manejar nuestro entorno, nuestras emociones, nuestras preguntas y nuestros allegados. Las preguntas de las personas discretas e indiscretas y de la familia, cuando tú misma necesitas respuestas: ¿Por qué yo? ¿Por qué a mí? ¿Qué pasó, qué hice mal? ¿Qué pude haber hecho diferente?

Recuerdo como si fuera hoy, cuando llegué al ginecólogo con mis resultados de análisis y me dijo: "Tienes unas hormonas descontroladas y tu cuerpo piensa que estás embarazada. Por otro lado, si lográramos un embarazo, sería imposible sostenerlo en tu vientre". Fue como un balde de agua fría, como si hubieran roto ese sueño de ser madre. Todos los que me conocen saben que desde niña siempre andaba con niños en los brazos, me llamaban la atención, me encantaban, sabía que había nacido para ser madre, hasta este momento.

Según la Organización Mundial de la Salud (OMS), la infertilidad es "una enfermedad del aparato reproductor definida por la imposibilidad de lograr un embarazo clínico después de 12 meses o más de relaciones sexuales sin protección regular". La persona Infértil tiene dificultad para lograr un embarazo, pero puede llegar a procrear en algún momento. Entre estos individuos, están las mujeres que no ovulan o los hombres con bajo conteo de espermatozoides.

Sin embargo, la esterilidad se determina por la incapacidad de reproducirse. Es importante establecer la diferencia, ya que no todos caemos dentro del mismo renglón. Estériles son las personas para las que es imposible concebir no importa lo que hagan, o que solo podrían conseguirlo recurriendo a la fertilización asistida.

Escuchar estas dos palabras, lo cambian todo en nuestras vidas, y nadie te entrega un librito de instrucciones que se titule: "Guía para manejar la infertilidad". Nos sentimos como en una burbuja en la que nos preguntamos: ¿será verdad? Normalmente nos dan ciertas alternativas y nos vamos a nuestras casas con un millón de dudas, deseando gritar y llorar. Este es el momento en el que debemos tomar una decisión muy importante, quizás la más importante de nuestra vida: ¿Qué vamos a hacer?

¡Cuidado! La tentación de enfocarnos solo en lo que no tenemos y olvidarnos de lo que sí tenemos es fuerte. Pensamos que toda nuestra vida gira alrededor de esa única cosa que no hemos recibido. Pensamos que la vida es injusta y miramos al que tiene lo que nosotros deseamos, pero se nos olvida que aun sin hijos, sin esposo, sin trabajo y sin nada, Dios sigue teniendo un plan para nosotros.

Entonces nos perdemos de todo, solamente porque estamos enfocadas en lo que nos falta. Nos olvidamos de que tenemos salud, tenemos vida, tenemos trabajo y de que el Señor nos da múltiples bendiciones. Es como si esa meta inalcanzable fuera nuestro único foco de atención y como no la podemos alcanzar, simplemente no vivimos.

Tenemos que estar bien pendientes de cómo el enemigo juega con nuestras mentes. En muchas ocasiones los pensamientos, negativos, son tan fuertes que nos provocan como una sobrecarga y terminamos con ansiedad. Hay algunas que dicen: "Yo voy a hacer lo que sea para lograr mi meta, incluso gastar hasta el último centavo". Lo vemos todos los días en diferentes aspectos, mujeres que por dejar la soltería comienzan una relación con el primero que se presenta, o parejas que tienen hasta $80,000 en deudas para procedimientos de fertilidad que cada vez que fallan, los hunden más. La parte más importante de todo esto es discernir si el remedio es efectivo o provoca más enfermedad.

Encontramos en la Biblia un ejemplo claro, ¿qué sucedió con Abraham y Sara? Cuando Dios les prometió un hijo, se apoderó de ellos la incredulidad y la risa. Así que, ignorando la profecía, ella dijo: Tengo que tomar cartas en el asunto, así que le voy a dar mi esposo a la criada para que a través de ellos, se cumpla la promesa y tengamos un hijo". ¿Cuántas consecuencias hubo de esa decisión? Hubo muchas consecuencias, entre ellas: peleas, tristeza y menosprecio, sin contar con las consecuencias a largo plazo. Todo por una decisión apresurada de: "Si Dios no lo hace, lo hago yo".

Yo recuerdo como a los 22 años, en ese momento en que el médico me dijo: "Tienes problemas de infertilidad"; la primera recomendación fueron medicamentos. Uno no está preparado para eso, así que tomas el primer tratamiento que te ofrece el médico. Recuerdo que me tomé unas pastillas que cada pote costaba casi $100. Quienes han recibido tratamiento saben de lo que hablo, que los planes médicos no cubren tratamientos de fertilidad y que son sumamente costosos. Los efectos secundarios eran dolores de cabeza constantes, catarros y malhumor. Solo para que al final del mes te dieras cuenta de que las pastillas caras que compraste y los síntomas que resististe, no hicieron ninguna diferencia. Bajó la regla y sigues sin hijos. Eso duplica el dolor y la desesperación porque muy dentro de ti vives los síntomas con la esperanza de que se logre un embarazo. Ver que lo hiciste durante uno, dos, tres o cuatro meses sin ningún resultado, hace que tu corazón se sienta vacío, y los bolsillos también.

En este momento comenzamos a obsesionarnos con toda la que se embaraza a nuestro alrededor y a preguntarnos: ¿Cómo es posible que las personas que no quieren hijos se embaracen, incluso las que los maltratan, y yo no puedo? Es ahí donde empezamos a flagelarnos, a pensar que esto nos hace menos mujeres, que es injusto y nos cuestionamos qué es lo que pasa. A veces hasta culpamos a Dios y hablamos con Él con coraje porque pensamos que Él es injusto. Nos olvidamos que Dios no tiene la culpa de las enfermedades que yo heredé, del ambiente, de mi alimentación y lo que este conjunto de cosas provoca. Tampoco es responsable de malas decisiones que tomé en el pasado. El hombre tiene libre albedrío y aunque pensamos que Dios tiene control de todas las cosas, no es así. Dios conoce TODO y está a cargo de todo, lo ve todo, lo sabe todo, pero le deja al ser humano tomar decisiones. Podemos ver los resultados de esto en elementos como: la contaminación, las guerras, y la mala implementación de las políticas gubernamentales junto a la corrupción, que han ocasionado hambre, pobreza y muerte en diversos países a lo largo del mundo.

Capítulo 2

La Cultura

Formación de las Reglas Culturales

Romanos 12:2 habla de que no nos adaptemos a este siglo por la simple razón de que vivimos en él. A veces olvidamos que no somos de este mundo y que no nos deberíamos regir por las reglas que éste nos impone. El Apóstol Pablo, por revelación del Espíritu Santo, recibió inspiración sabiendo que el mundo haría mucho ruido y nos trataría de arrastrar a vivir conforme a sus reglas y estilo.

La cultura no es algo con lo que nacemos. La cultura es algo que nos enseñan de diferentes formas a lo largo de nuestras vidas. Desde pequeños, los padres, por medio de conversaciones, comportamientos y rechazos nos van moldeado y diciendo cuál es el comportamiento deseable o aceptado para cada situación. Luego de esto, pasamos a la escuela y allí continuamos recibiendo información que nos dice cómo nos debemos comportar y qué es esperado de nosotros en cada momento y edad.

De igual forma sucede con la mujer, el hombre y la familia. Recibimos constantes comentarios de que los niños no lloran y las niñas son de la casa. Si a los 16 años, el varón, no está interesado en una chica, nos preocupa que algo ande mal y queremos servirle de celestina. Sin embargo, si la niña tiene 20 años y aún no tiene novio, decimos de forma totalmente opuesta: "me ha salido muy buena, está concentrada en sus estudios y no quiere por ahora saber de pareja". A los varones, en caso de que les asignemos alguna tarea, suele ser: botar basura, lavar autos o construir algo; mientras que a las chicas les asignamos la limpieza de la casa, cocinar o cuidar de sus hermanos.

Nuestra cultura le asigna al hombre el rol de proveedor. Por lo tanto, debe ser exitoso, tener un carácter fuerte, independiente y mostrar poco sus sentimientos. Por otro lado, la mujer debe ser sumisa, de la casa, amorosa, buena madre, esposa, ama de casa, excelente cocinera, mantener buen semblante, estar lista para su esposo en cualquier momento, estar bien arreglada siempre y mantener un peso ideal, no debe ser más exitosa que su esposo ni ganar más. Esto no es algo que se manifiesta abiertamente, es más bien lo que comentamos y lo que esperamos. De no ser así, no escucharíamos comentarios tales como: "desde que se casó se descuidó y está gorda", o "mira, él es quien se queda en la casa y ella lo mantiene, qué vago es".

Para nuestra cultura, todo lo que se sale de la norma es criticado, no necesariamente por estar mal, sino porque nos rompe el molde de lo que hemos construido y aprendido durante tantos años. Sin embargo, la cultura también la vamos creando en nuestras conversaciones diarias, en nuestras lecturas, en nuestras interacciones con el mundo que nos rodea. Así que podemos llevarla en la dirección que deseamos que vaya. Alguna vez te has preguntado: ¿Qué piensa Dios?

Con los años, nuestra sociedad ha ido cambiando hasta volverse cada día más materialista. Todo parece girar en torno al carro que conduzco, la casa que poseo, la profesión que ejerzo, los lugares exóticos a los que viajo y la familia perfecta que tengo. Si observamos bien, las conversaciones van dirigidas en su mayoría a hablar de quién ha alcanzado qué cosa, quién tiene qué planes y la casa de quién es más cara. Implícito o explícito es parte del diario vivir, aunque ya es tan común que no nos damos ni cuenta. Aún las reuniones familiares se vuelven una competencia de cuánto costó qué y quién está mejor económicamente que quién. Los padres hablan de lo maravillosos que son sus hijos y de todos los proyectos que tienen pendientes, para hacerle ver a sus hermanos lo bien que están éstos.

Lo mismo sucede con las etapas en las que vivimos, se asume que a cierta edad deberíamos estar casados y en algún momento inmediato demos la noticia de que seremos padres. La sociedad tiene toda una listita de cosas que debemos hacer y cuándo deberíamos haberlas completado. Cuando esto no sucede, comienza la presión de las personas y las preguntas indiscretas: ¿Cuándo vas a tener hijos? ¿Qué edad tú tienes ya? ¡Mira que se te va a hacer tarde! Una persona en su insistencia, en una ocasión me dijo: "Si sigues esperando, los hijos te van a salir con retraso mental".

El bombardeo es tan fuerte que comenzamos a pensar: "Es cierto, ya debería tener una casa a esta altura, o un trabajo, uno o dos hijos". En este momento es necesario recordar lo que dijo el Apóstol Pablo, porque en el diario vivir nos envolvemos en este mundo y nos adaptamos a sus reglas. Cedemos a la presión y en vez de mover nuestra vida según la voluntad de Dios, queremos moverla según esa lista que nos asignan familiares, amigos y hasta desconocidos. La batalla es fuerte sí, y más cuando tienes 37 años y no has tenido hijos, lo sé muy bien.

Renovar tu mente se trata de no ceder a la tentación de sentirte menos por no tener hijos, no ceder a los comentarios negativos de las personas que insistentemente quieren hacerte ver que estás tardando demasiado para tener hijos o que eres menos por no haber alcanzado algunas cosas según sus criterios. Hay algo que debes tener bien claro, Dios no funciona según las reglas de la sociedad y no tiene un librito con una lista de cotejo que aplica a todos por igual.

Mi vida, mi camino, jamás se va a parecer al de mi vecino, amiga o compañera de trabajo, o incluso al de mis familiares. Un ejemplo claro de esto es mi madre que me tuvo a los 20 años, e inmediatamente después tuvo a mi hermano. Mi hermano tiene 6 hijos, el primero lo tuvo a los 16 años. Mi vida para nada se parece a la de ellos y no puedo compararme para decirle: "Dios, ¿qué pasó que no tienes el mismo patrón para mí que tuviste con mi familia?" No funciona así, mi vida es única y el camino que debo recorrer es solo mío y de mi esposo.

La Cultura del Cielo

En muchas lecturas podemos ver que mencionan que nuestra cultura machista es heredada del cristianismo por ciertos versos utilizados fuera de contexto. Pero me gustaría que viéramos por un momento según la misma BIBLIA que

Dios ve y trata a la mujer de la misma forma que al hombre. Recuerda que la cultura del hombre, no importa dónde viva o en qué época, no es la cultura de Dios. Dios no es un Dios exclusivo ni con favoritismos hacia el hombre, que lo considera superior. Veamos:

Indica que tanto el hombre como la mujer fueron creados a su imagen y semejanza, con características de Dios en ellos.
Génesis 1:26-28 (RV)

Vuestros hijos y vuestras hijas profetizarán.
Joel 2:28 (RV)

Dios tiene planes y dones para quien se someta a Él, los cuales no dependerán de si eres hombre o mujer, joven o viejo.

Las mujeres estén sujetas a sus propios maridos como al Señor.
Efesios 5:22 (LBLA)

Sujeta viene de sujetar, estar agarrada o apoyada, no estar en posición desventajada o inferior como se ha enseñado en muchas ocasiones. Por eso el escritor dice sujétate a tu esposo como al Señor. El papel del hombre no es de poder sobre la mujer sino de protección. Por tal razón el Señor exhorta al hombre (contrario a nuestra cultura machista) a que trate a su esposa con delicadeza.

Pero en el Señor, ni el varón es sin la mujer ni la mujer sin el varón; porque, así como la mujer procede del varón, también el varón nace de la mujer; pero todo procede de Dios.
1 Corintios 11:11-12 (RV)

Y dijo Jehová Dios: No es bueno que el hombre esté solo; le haré ayuda adecuada.
Genesis 2:18 (NVI)

La mejor manera de explicarlo es con el verso de *Eclesiastés 4:12 (RV)*: Y si alguno prevaleciere contra uno, dos le resistirán; y cordón de tres dobleces no se rompe pronto. Esto se refiere a contar con la ayuda adecuada, a que es imposible emprender proyectos sin ayuda de nadie, pero si tenemos la ayuda adecuada, es más fácil. Qué mejor que esa ayuda sea una persona que te ama y está constantemente contigo en acción y oración. Dios los creó con características diferentes precisamente por eso, para que se complementen. Recuerda, ayuda adecuada no perfecta.

Si vamos al famoso capítulo de *Proverbios 31* que hemos escuchado y recitado en tantas ocasiones, habla de una mujer virtuosa. De una mujer que evalúa y hace negocios, confecciona, compra y vende, es fuerte, confiable y honorable. Su esposo e hijos la felicitan y el verso termina diciendo: Engañosa es la gracia y vana la hermosura, la mujer que teme a Jehová, esa será alabada.

Al hombre también le exhorta a comportarse de una forma distinta a lo que estamos acostumbrados. *Tito 1:6-8:* Que sean hombres de una sola mujer, que sean amables con sus esposas (que no sean agresivos) y que sean hospitalarios.

Si nos fijamos, en ningún momento Dios hace menos a la mujer, tampoco dice que solo debe ser ama de casa o establece que el hombre agresivo es el hombre de verdad, sino todo lo contrario. Podemos encontrar muchos versos en los que Dios nos establece funciones distintas, pero nos trata como hijos tanto a mujeres como a hombres. Entonces si tenemos la cultura del Cielo, debemos comenzar a romper con estos pensamientos de que somos menos si no hemos tenido hijos, si no tengo trabajo o peso más de 110 libras, porque Dios no ve las cosas como las ve el hombre.

La Cultura de las Redes

Las redes sociales funcionan como una forma de comunicación nueva e instantánea en la que constantemente te alimentas de las fotos y comentarios que hacen otros. La intención por la que existen es mantenernos conectados con esas personas que tenemos lejos y que no vemos todos los días. Estas redes han creado varias culturas, la cultura de estar pegados a los celulares y aparatos, desconectarnos del mundo y vivir en un mundo cibernético, descuidar la casa, comida, trabajo y la familia por la necesidad constante de no perdernos de nada de lo que publique algún conocido. En ocasiones entramos tres y cuatro veces en un minuto, para encontrarnos que no hay nada nuevo, pero queremos ser los primeros en saber, ver y comentar las publicaciones de nuestros amigos.

La cultura de la doble vida y la competencia: casi todos tenemos una o varias personas que en la vida cotidiana son una cosa y los mensajes que escriben o las publicaciones que hacen en las redes nos dejan pensando: ¿Quién escribió eso?

¿Marcianos habrán tomado su cuerpo para escribir? Porque sus formas de ser y sus publicaciones ¡no concuerdan para nada! Podemos ver matrimonios perfectos, que en la vida real viven una guerra sin cuartel, la madre perfecta, o la persona que tiene todo bajo control, pero en la vida real vive un caos. Por otro lado, tenemos las personas que hablan de lo bendecidos que son y lo perfecta que es su vida, y caemos en la trampa de sentirnos menos y hasta desear tener la vida que ellos tienen.

De pronto nos comenzamos a evaluar por lo que vimos que tiene aquel o el otro, el trabajo fabuloso, los hijos, la casa lujosa, las vacaciones a diferentes partes del mundo que toman, y nos sentimos incompletos. Evaluamos nuestra vida como incompleta porque una o dos personas en nuestras redes tienen todo lo que soñamos. Pero qué sucede, que nunca nos ponemos a pensar qué hizo la persona para llegar allí, o qué situaciones difíciles tiene que no publica.

¿Quién publica que tiene problemas financieros? ¿Quién publica que tiene adicciones? Muy pocos, porque en las fotos todos estamos sonrientes y podemos escribir lo que deseemos. Créeme, en los momentos más difíciles de mi vida podrás notar que mis fotos y mis escritos en las redes no cambiaron, ¿por qué? Porque las redes están hechas para esto, para publicar lo último, lo más interesante, qué estoy haciendo últimamente y dónde he ido. Si viéramos a través de las redes lo que sucede adentro de las personas, los verdaderos sentimientos, la historia sería otra.

La vida de todos es igual, tiene sus retos y sus momentos gloriosos. Pero nos dejamos llevar y queremos competir, "quiero tener la casa que tiene, el cuerpo que tiene, el esposo que tiene o los hijos que tiene". Por eso vemos personas moviendo cielo y tierra, sin poder, solo para tener lo que este o aquel amigo tienen para no sentirse menos.

En ocasiones no podemos ni esperar al próximo evento para publicarlo, y que todos vean que nuestra vida también tiene actividades interesantes. Eso sí, jamás se te ocurra salir en una foto con la misma ropa de un evento anterior o serás víctima de burla o de comentarios negativos. Uno mismo se sienta a pensar y a buscar fotos de los últimos eventos para jamás cometer el error de repetir la ropa. ¡Qué vergüenza! Si no tenemos nada en el closet, como nos pasa a todas, recurrimos a ir de tiendas, aunque sea con la tarjeta de crédito, con tal de que esa foto salga de acuerdo a los estándares que hemos creado.

La Cultura de Barbie, las Socialités y las Princesas

No te dejes impresionar por su apariencia ni por su estatura, pues yo lo he rechazado. La gente se fija en las apariencias, pero yo me fijo en el corazón.
1 Samuel 16:7 (NVI)

Todos conocemos a Barbie, una muñeca con unas medidas casi imposibles de lograr en un ser humano real. Tiene una estatura de modelo, unas piernas largas, una cintura de avispa, una cara hermosa y un pelo largo lacio. Siempre estaba sonriente, a la moda, con los vestidos más hermosos, siempre maquillada y, en el momento en que lanzaron la que tenía bebé, su figura seguía intacta. Conducía un carro deportivo rosa y tenía una casa gigante hermosa. Y ni hablar de su pareja, Ken, guapísimo, con un cuerpo esbelto, alto, rubio y con sus abdominales en su lugar.

Esto definitivamente estableció un estándar de belleza hasta el punto de que tenemos personas que han gastado miles y miles en cirugías para ser Barbie y Ken humanos. Por otro lado, tenemos artistas de *Hollywood* que se someten a unas dietas rigurosas para lograr mantener el "estándar" de belleza exigida. Si alguno entre película y película gana algunas libras, se convierte en objeto de burlas en todas las revistas, programas de chismes y redes sociales que existen en el planeta. Sin embargo, muchas de estas mismas cadenas llevan el doble mensaje de que el peso no importa, que las curvas son admirables. Busquemos revistas de modas, busquemos las novelas, si alguna no cumple con los estándares de Barbie es que la historia trata de la fealdad convertida en belleza.

El mercadeo está en todo lo que nos rodea, ya sea para vendernos un producto, una imagen o una conducta. Todo tiene el fin de provocar en nosotros algo que nos mueva a aceptar, comprar o imitar. ¿Nunca le ha sucedido que ve un anuncio de comida y de pronto desea comer eso que le anuncian? Lo importante es que entendamos que el mercadeo va a presentar siempre la cara que más conviene del producto o evento, no necesariamente la real, porque su objetivo no es beneficiar o ser justo, sino vender.

Respecto a los tamaños de la ropa, la estatura, y las medidas en las tiendas y todo lo que vemos en televisión, sucede lo mismo. Vamos a comprar ropa y vemos este maniquí que luce un traje hermoso y la expectativa que nos crea es que cuando te lo midas y te mires al espejo, te veas y te sientas igual. Pero, cuando ni siquiera te sirve, tu mente no te dice que el maniquí o el tamaño de la ropa están muy pequeños, no, inmediatamente nos sentimos incómodas con nosotras mismas. ¿Cuántas personas tienen exactamente las medidas del maniquí? Muy pocas. Solo es una representación que llama la atención a la vista, no necesariamente real o posible. Incluso las modelos determinadas "plus" comienzan en la talla 10.

Si vemos los programas de televisión notaremos cuáles son las tallas y estilos que predominan. A veces me río porque parece que las mandan a hacer en un pedido especial a una academia de modelaje. Incluso, ya vamos a las tiendas y las personas que nos atienden están cuidadosamente seleccionadas con un peso, estatura y condición física parecida.

Las películas, por otro lado, tienden a vendernos ideales de cómo debe funcionar la vida: si eres soltera debes buscar marido, esa promoción laboral que esperas va a llegar; si el novio que tienes es bueno, pero aparece otro que te llena más, puedes enamorarte de ese y no hay problemas, ni consecuencias con el anterior. Nos venden fantasías.

Las Princesas de Disney

¿Qué podemos decir de las princesas? Desde que soy niña las conozco, pero en este tiempo es cuando más impacto y reconocimiento tienen por parte de nuestras niñas. Se visten como ellas, hacen sus fiestas de cumpleaños de princesas, tienen libretas, bultos y *stickers* con sus imágenes. Pero estas princesas, al igual que el resto, tienen unas medidas imposibles y son los modelos de nuestras hijas, sobrinas, primas y hermanas. Entonces, ¿qué hacen bombardeándonos desde pequeños para implantar en nosotros la idea de que ciertas medidas son las que se ven bien y tienen éxito? Todavía nos preguntamos por qué algunas mujeres han gastado todo lo que tienen y más en cirugías. Mujeres que han muerto en el quirófano con tal de hacerse una operación que las haga sentir como eso que ven todos los días por tantos años. Todo por sentir que llegaron a la meta, esa que nadie menciona pero que todos vemos. Todavía entendemos: ¿de dónde sale tanto *bullying,* cuando existen campañas educativas dirigidas a erradicarlo? Precisamente de que llevamos un doble mensaje, y el más fuerte no es en contra de los estándares de belleza, sino a favor de un molde en el que todos debemos encajar.

La belleza no es un asunto negativo ni malo, pero tampoco se mide por una talla o estatura. Belleza es lo que eres, cómo te proyectas, lo que haces y cómo piensas. Pero cuando tenemos estas personas irreales como nuestro modelo a seguir, comienzan los problemas porque buscamos un ideal que nos va a hacer daño físico, económico, interpersonal/familiar y emocional. Esto sin hablar de las dietas y cirugías a las que se someten las artistas para verse como se ven de esbeltas, y luego hablan de los ejercicios que hacen para lucir como lo hacen.

En este tiempo la mujer que pesa más de 135 libras tiene que establecer prácticamente una guerra con todo el mundo para mantener su autoestima por la presión que recibe constantemente. Cuántas de ellas rebajan por complacer a otros, por el cansancio de las burlas y la incomodidad que le transmiten las otras personas, versus las que lo hacen porque realmente quieren, porque les nace.

De pronto todos se sienten con la necesidad de constantemente estar diciéndote si has rebajado o si has engordado. No sé en qué momento comenzamos a pensar que eso es correcto, que debemos imponerles a las personas nuestros ideales de "belleza". Transmitir mi criterio en cuanto al peso ideal, que vestirse de tal o cual manera es adecuado, que tener hijos a esta edad es recomendable, una casa, un trabajo, etc. Sin darnos cuenta, eso es lo que le pasamos a nuestras generaciones.

Estas personas se sienten en esta lucha constante por defenderse de lo que está pasando. En el momento que hacemos esos comentarios, nunca nos detenemos a pensar los problemas de la persona: quizás tenga una enfermedad, tome un medicamento que la hincha o si tiene problemas de tiroides. Esos detalles no los conocemos porque es información privada. Cada vez que hacemos estos comentarios, las ponemos en una posición muy incómoda debido a que tienen dos opciones: se quedan calladas o nos comienzan a contar la historia de su vida. Debemos considerar que no siempre se está dispuesto a compartir algo tan íntimo. Sin embargo, es la única defensa ante un comentario como: "parece que has ganado unas cuantas libritas, ¿verdad?". Al procurar una explicación, añades más carga a lo que ya la persona siente y a su condición. No somos doctores ni nutricionistas para recetar o determinar quién debe pesar qué. Debemos comenzar a retomar los límites donde los perdimos y no hacer comentarios negativos de ningún tipo sobre el aspecto o proceso de vida de otros.

La Cultura de la Competencia

En la mayoría de las ocasiones son las mismas mujeres las que tratan a otras como inferiores, por el hecho de no tener hijos. Las tratan como si no supieran nada de la vida, como si ningún problema fuera suficientemente grande, como si no hubieran enfrentado ninguna situación tan difícil como la maternidad. Por alguna razón determinan que la que no tiene hijos está en la parte inferior de la pirámide, luego le sigue la que adoptó, luego la que tuvo sus hijos por cesárea y en la cima está la que tuvo un parto natural.

En mi experiencia, he tenido amistades que ya no tienen conversaciones conmigo porque todas sus conversaciones giran alrededor de sus hijos y mis conversaciones no les parecen interesantes, ya lo que tengo que aportar no les parece importante. Lo anterior, está relacionado a esta cultura, el problema es que somos nosotras las mujeres las que estamos fomentando, consciente o inconscientemente, esta cultura en contra de otras.

Rechazamos a esas personas, que no han podido, no han querido o han decidido esperar para tener hijos. Nuestros comentarios y acciones les dicen: "ya no puedes estar en mi grupo porque no entiendes lo difícil que es la maternidad". Etapas son etapas, no hay una etapa mayor o mejor que la otra. Todas tienen sus retos y situaciones. El hecho de que una persona no tenga hijos no quiere decir que no tiene dificultades. Al contrario, en ocasiones el tener hijos facilita su vida porque desaparece la presión y el menosprecio de las que ya son madres. Todo el mundo tiene su ritmo, sus decisiones, su estilo de vida que no es mejor ni peor, solo diferente.

Nosotros somos los que asignamos jerarquías, por ejemplo: el que tiene dinero es más importante que el que no tiene, el que tiene estudios es más sobresaliente que el que no tiene, la mujer casada sabe más que la soltera, la que es madre es más especial que la que no tiene hijos. Caemos en la trampa de la cultura del mundo y se nos olvida que nosotros somos diferentes. La palabra no dice en *Jeremías 1:5:* antes que te formaras en el vientre supe que ibas a ser madre, rica, inteligente y te di por profeta a las naciones, NO. Él no pone condición para amarnos y asignarnos un propósito que va más allá de lo que podemos ser o tener.

La Cultura del "Fast Food"

Recuerdo cuando era niña, si algún maestro me solicitaba un proyecto sobre cualquier tema, teníamos la enciclopedia La Cumbre para buscar la información. Leía páginas y páginas de la enciclopedia para resumir y luego escribir en papeles de argolla, a mano, el resumen de lo que había leído. Si no encontraba la información, existían otras enciclopedias o debía ir a la Biblioteca de la escuela, a pedir algún libro que tuviera la información que necesitaba. Pero no había otra alternativa que pasar horas y horas escribiendo hasta que no sintiera la muñeca de tanto escribir.

Hoy, simplemente busco mi celular y encuentro todo lo que necesito al momento. Si tengo dudas de una dirección, si necesito un número de teléfono, si necesito la traducción de una palabra, prácticamente para todo usamos el internet. Ahora vemos películas por internet, leemos el periódico, hacemos pagos, nos comunicamos con personas al otro lado del mundo, publicamos fotos, mantenemos contacto con familiares que están lejos y todo al alcance de un *go, search o send.*

Esto ha provocado en muchas personas la costumbre de que todo lo desean instantáneo. Sin embargo, la mayoría de las cosas que de verdad valen la pena, llevan tiempo. Tenemos personas que se conocen y a la semana viven juntos para entonces conocerse a fondo y determinar si la relación funciona. Tenemos personas que llegan a los trabajos y duran unos pocos meses porque no reciben la promoción que consideran se merecen. Tenemos personas que piensan que el éxito es una lotería que no juegas, pero te llega a las manos un día, sin hacer nada y sin mover un dedo.

El detalle que me impresiona es que, como creyentes, a veces, entendamos que el servirle a Dios es una especie de restaurante de comida rápida en el que entro los domingos y espero en la ventanilla eso que deseo con el corazón, y que, por solo haber hecho el esfuerzo de llegar, lo voy a recibir en algún empaque. Deseo tener un ministerio o hacer un impacto en el mundo, como si fuera la sorpresita que me salía en la caja de cereal cuando era pequeña. Si no lo recibimos en un periodo que consideramos justo o adecuado, lo dejamos todo y hasta acusamos a Dios de no amarnos lo suficiente. El ejemplo que tenemos en la Biblia es que el mismo Jesús, nuestro mejor modelo, esperó 30 años para comenzar su ministerio público. Jesús estuvo 30 años preparándose, aprendiendo y sirviendo para entonces comenzar la obra del Padre en la Tierra.

Capítulo 3

Los Sacrificios y los Ídolos

...te he dado a elegir entre la vida y la muerte, entre la bendición y la maldición. Elige, pues, la vida, para que vivan tú y tus descendientes.
Deuteronomio 30:19 (NVI)

El Señor siempre ofrece opciones. Malas noticias, la vida se vino abajo, surgen problemas financieros; pongo delante de ti la vida y la muerte, la bendición y la maldición. ¿Cómo y cuándo escogemos entre las opciones? Cuando decidimos nuestra forma de actuar en medio de las dificultades y procesos de la vida.

Lo más fácil siempre es culpar a Dios y olvidarnos de tantas cosas que han sucedido en este mundo a partir de la caída del hombre. Cuántos hemos visto niños que nacen con anomalías porque sus madres viven en ambientes tóxicos, Dios no lo hizo, lo hizo el hombre en su libre albedrío. Debemos comenzar a cambiar nuestra mentalidad porque cuando comencemos a ver a Dios no como este ogro que me provocó la infertilidad, sino como un aliado y amigo que me va a ayudar en el proceso, entonces las cosas comenzarán a cambiar, y sentiremos que hay esperanza en medio de la tormenta y la depresión porque estaremos seguras de que en él lo podemos encontrar todo.

¿Cómo escogemos la maldición y la muerte?

¹Entonces toda la congregación gritó, y dio voces; y el pueblo lloró aquella noche.

² Y se quejaron contra Moisés y contra Aarón todos los hijos de Israel; y les dijo toda la multitud: Ojalá muriéramos en la tierra de Egipto; ¡o en este desierto ojalá muriéramos!

³ ¿Y por qué nos trae Jehová a esta tierra para caer a espada, y que nuestras mujeres y nuestros niños sean por presa? ¿No nos sería mejor volvernos a Egipto?
⁴ Y decían el uno al otro: Designemos un capitán, y volvámonos a Egipto.

¹¹ Y Jehová dijo a Moisés: ¿Hasta cuándo me ha de irritar este pueblo? ¿Hasta cuándo no me creerán, con todas las señales que he hecho en medio de ellos?

²² Todos los que vieron mi gloria y mis señales que he hecho en Egipto y en el desierto, y me han tentado ya diez veces, y no han oído mi voz,

²⁴ pero a mi siervo Caleb, por cuanto hubo en él otro espíritu, y decidió ir en pos de mí, yo le meteré en la tierra donde entró, y su descendencia la tendrá en posesión.

33 Y vuestros hijos andarán pastoreando en el desierto cuarenta años, y ellos llevarán vuestras rebeldías, hasta que vuestros cuerpos sean consumidos en el desierto.

34 Conforme al número de los días, de los cuarenta días en que reconocisteis la tierra, llevaréis vuestras iniquidades cuarenta años, un año por cada día;
Números 14 (RV)

En una época donde todo es automático, no nos tomamos el tiempo para ver nuestras acciones o reacciones a lo que enfrentamos en la vida o incluso en nuestro día a día. En estos versos podemos ver a Dios cansado de la constante queja del pueblo de Israel sobre sus métodos o su estilo de liderarlos en su liberación de la esclavitud de tantos años. Las quejas llovían diariamente, cada vez que había cualquier contratiempo, aunque Dios siempre lo resolvía, ellos volvían a quejarse en la próxima ocasión, sin pensarlo. El asunto es que el punto de comparación siempre era Egipto, la esclavitud, la dependencia, la inercia, la tristeza.

Cuántas veces tenemos esta costumbre de quejarnos por todo y de todos, a la menor provocación comenzamos a quejarnos de Dios y de sus métodos de hacer las cosas. Comenzamos a cuestionarlo y a darle mejores instrucciones de las que Él ya estableció para nosotros. En asuntos grandes o pequeños del día a día nuestras primeras palabras son la queja. Si no salimos a tiempo a trabajar, si no avanza el tráfico, si el jefe nos da alguna tarea adicional, si el compañero no hace las cosas como deseamos o hasta si Dios no nos concede cierta petición en este momento porque este es el momento perfecto, si ese negocio no se da, si no he logrado la libertad financiera o si no he tenido hijos.

Si te sientas a hacer una lista de todas las situaciones en las que Dios ha obrado a tu favor, estoy segura que sería el 100%, quizás no según tus planes o tu forma, pero lo hizo. Así caemos en la condición del pueblo de Israel que, en vez de detenerse y dar gracias por las bendiciones recibidas, no perdía oportunidad para reclamarle a Dios que no era suficiente y que deseaban volver a Egipto. Como resultado, no llegó a ningún lado y no alcanzó nada. Teniendo un Dios tan grande con un potencial para cosas magníficas, simplemente murió en el desierto y su trabajo hasta ese momento ahí quedó. La bendición estaba a la vuelta de la esquina en 40 días, sin embargo, su constante queja le añadió un año por cada día de la bendición de la Tierra prometida. Así de fuerte es la queja y hace todos esos estragos en nuestra vida espiritual y física. Israel escogió la maldición al quejarse de Dios todo el tiempo, esto afectó todo a su alrededor incluyendo sus hijos.

La queja se vuelve una costumbre, un estilo de vida, una condición en la que tu corazón en lugar de fijarse en lo bueno, en lo positivo, siempre está buscando faltas, incluyendo a Dios y esto no nos permite disfrutar de las bendiciones que ya tenemos, o adquirir nuevas, porque todo lo vemos con el lente de la queja. Aún si recibieras el deseo de tu corazón, la queja lo opacaría por completo. Dios no se agrada de un corazón negativo, a él le complace derramar sus bendiciones en corazones llenos de alegría y agradecimiento.

Dad gracias en todo, porque esta es la voluntad de Dios para con vosotros...

1 Tesalonicenses 5:18 (RV)

Quizás dirás: "no puedo ser hipócrita, si me molesta, me molesta. Si me duele no puedo simplemente ignorarlo". Es comprensible, sin embargo, ese es justamente el momento en el que debes recordar su fidelidad, las bendiciones recibidas, brindar gracia a nuestros compañeros como Dios nos ha dado su gracia infinita, y verás que te comienzas a sentir diferente.

Menciona 5 cosas por las que puedes dar gracias a Dios en este momento:

1.
2.
3.
4.
5.

[1]Cuando Israel era muchacho, yo lo amé, y de Egipto llamé a mi hijo.
[2] Cuanto más yo los llamaba, tanto más se alejaban de mí; a los baales sacrificaban, y a los ídolos ofrecían sahumerios.

Oseas 11:1-2 (RV)

Muchas veces escuchamos a parejas decir "un hijo me llenaría tanto", "un hijo nos daría felicidad". Sin embargo, Dios puede llenar todos los espacios de nuestro corazón, solo lo necesitamos a él ¡ÉL LO LLENA TODO! Claro, somos seres sociales, el instituyó el matrimonio y la descendencia. La parte importante de esto es cuando el procrear se vuelve mi único objetivo, mi única meta, mi único pensamiento, mi única razón de vivir. Es ahí cuando nos entregamos a la ansiedad y a la depresión. Porque se supone que, a esta edad, en este momento o en esta circunstancia esté pasando esto o aquello. Cuando cambiamos el enfoque de Dios hacia la maternidad o paternidad comienzan los problemas.

Estamos acostumbrados a ver a Dios de cierta forma con determinadas reglas, y muchas veces no nos damos cuenta del alcance de sus palabras y mandamientos. En la iglesia nos enseñaron los 10 mandamientos y nos cuidamos de cumplirlos dentro de nuestra humanidad.

Cuando estábamos perdidos, él nos amó primero y se entregó por nosotros, nos salvó, nos redimió, nos sacó del mundo del pecado, nos hizo suyos. Sin embargo, en muchas ocasiones decimos: "no tengo ninguna imagen de lo que está en el cielo, en la tierra ni debajo de ella, así que no idolatro". Me gustaría que discutiéramos un momento lo que es un ídolo.

Un ídolo es algo que amamos más que a Dios, a quien le prestamos toda nuestra atención e ignoramos todo lo demás. ¿Le parece conocido? Entonces me pregunto: ¿qué estamos haciendo cuando nuestro deseo de ser madre va por encima de todo y de todos, nos roba cada pensamiento del día, nos roba la alegría, nos roba nuestro tiempo, nuestras fuerzas, incluso nos roba nuestro amor hacia Dios?

El texto continúa hablando de nuestra actitud ante Dios frente a la infertilidad. El Señor nos llama, a veces nos grita a través de todo y de todos y vivimos en esta burbuja llamada infertilidad que no nos deja vivir, no nos deja pensar. Es como si no existiera nada frente a esta meta imposible de alcanzar.

En este tiempo Dios te está llamando, diciendo ¡tengo más para ti, quiero hacer tantas cosas contigo, te puedo hacer tan feliz, solo vuelve tu mirada a mí!

En el tiempo bíblico se sacrificaban animales, para pedir el perdón por los pecados, pero también se sacrificaban animales a otros dioses para demostrar la devoción y reconocerlos como dioses sobre las vidas de las personas que los adoraban, y en este caso le indicaban a los baales con estos sacrificios, "te reconocemos como nuestro dios y creemos que puedes hacer por nosotros lo que Dios no ha hecho".

En los sacrificios a Dios lo que se quemaba subía al cielo para que Dios lo recibiera como adoración, solicitud de perdón o acción de gracias. De igual manera, cuando se hacía sahumerio a los baales era a modo de adoración y reconocimiento de su deidad.

Esto pasa con nosotros, nos sumimos en esta tristeza de la que no podemos alejarnos ni un segundo. Sacrificamos nuestros planes, el propósito Divino para nuestras vidas a este baal llamado infertilidad. Nuestras conversaciones giran en torno a los bebés, las personas que los tienen y son malas madres y sobre lo injusta que es la vida. De esto están cargadas las oraciones que hacemos, y de cuestionamientos a la justicia de Dios por habernos metido en esta maldición. Le estamos diciendo a la tristeza: "tú eres más poderosa que mi Dios", le decimos a la infertilidad "tú eres más poderosa que Dios, por eso en ti confío sobre todas las cosas". Y me gustaría preguntarte: ¿podrá llenar un hijo lo que Dios no puede llenar?

Recuerdo claramente varias ocasiones en las que, enojada con Dios por no permitirme tener hijos, iba en mi auto, llorando y reclamándole a Dios por qué me había castigado con no poder tener hijos. Le decía, en mi atrevimiento, que conocía varias mujeres que se habían practicado abortos por no desear tener hijos y a ellas sí Él se atrevía a dárselos y a mí me los negaba. Recuerdo que cada vez que veía niños o me enteraba que otra conocida tendría hijos, era un golpe devastador que me mantenía deprimida por días.

Se multiplicarán los dolores de aquellos que sirven diligentes a otro dios.
Salmo 16:4 (RV)

Cuando el pueblo de Israel adoraba a otros dioses siempre se encontraba perdido, desolado y terminaba siendo cautivo de otros reyes y hasta llevado esclavo a otras Tierras. ¿Qué sucede cuando el deseo de tener un hijo o la pérdida de un hijo se vuelve el único motor que nos mueve? Que terminamos presos de la depresión, del desaliento, de la ira, la rebeldía, el desastre económico, el divorcio y todas estas obras de la carne que habla Gálatas. ¿Por qué? Porque nuestro centro y nuestro dios dejó de ser el Dios de la Vida y se volvió un evento. Perdemos la dirección, perdemos de vista el sentido de la vida, el propósito para el que Dios nos trajo a este mundo, que no solo se trata de tener hijos, créeme. No me malinterpretes, sufrir es de humanos, pero el problema está cuando la pérdida o el evento se vuelven más que Dios.

Pero yo soy el Señor tu Dios desde que estabas en Egipto. No conocerás a otro Dios fuera de mí, ni a otro Salvador que no sea yo.

Oseas 13-4 (NVI)

En muchos de nuestros corazones hay un altar levantado a nuestros hijos no nacidos. Los adoramos continuamente, con nuestros pensamientos, decisiones y con cada plan, estructurado, de tener hijos cada segundo de nuestros días. *Isaías 42:8 (RV)* dice: *Yo soy el Señor; ¡ese es mi nombre! No entrego a otros mi gloria, ni mi alabanza a los ídolos.* ¿Qué querrá decir esto? Que mientras nuestra infertilidad o el deseo de tener un hijo sea nuestro ídolo, Dios no podrá darnos nada que signifique más que Él para nosotros porque nos alejaría de Él completamente. ¿Si Dios nos concediera que nuestro ídolo se materializara, se acabarían los ídolos? o ¿encontraríamos otro que ocupe su lugar? Quizás digas: "jamás, al contrario, estaría tan agradecido o agradecida que dedicaría mi vida al Señor al igual que ese hijo". Te hago otra pregunta, ¿qué ídolo te acerca al Señor?

El ser humano siempre está anhelando más de lo que tiene. Si tiene casa, anhela y se esfuerza por un carro. Si tiene casa y carro se esfuerza, hasta el cansancio, por un mejor trabajo. Si tiene todo eso, quiere más y más y más. Hasta que Dios no sea todo para nosotros, no podremos recibir nada que lo supere en nuestros corazones.

Esto es algo que he tenido que aprender con el tiempo. Hasta que no sientes contentamiento en esta temporada de tu vida no podrás pasar a la próxima. No importa cuán difícil sea la situación, en Dios está todo lo que necesitamos, siempre.

En la lengua hay poder de vida y muerte; quienes la aman comerán de su fruto.
Proverbios 18:21 (NBD)

Las palabras que declaramos día a día llenan nuestro corazón de esperanza, de fe o, por el contrario, pueden destruir nuestra confianza en Dios totalmente. Ya existen estudios que revelan que las palabras que decimos tienen unas vibraciones que entran en nuestros oídos y provocan que nuestro cerebro reaccione de una u otra forma.

Especialmente cuando decimos o recibimos palabras negativas, nuestro cerebro reacciona de la misma forma que cuando recibimos un golpe o una herida física. Aun así, nos preguntamos por qué nos sentimos tan deprimidas, por qué sentimos que no hay esperanza, por qué nuestro matrimonio está en crisis. Estamos quemando sacrificios a dioses ajenos e impregnando nuestras vidas de desesperanza, negatividad y falta de fe. No podemos esperar otra cosa.

En una ocasión estaba leyendo unos comentarios en un *blog* que trataban el tema de la infertilidad, y me llamó mucho la atención uno que decía: "odio mi cuerpo porque no puede producir nada". La porción Proverbios, que vimos hace un momento, no solo se refiere a chismes y comentarios sobre otras personas, también se refiere a lo que decimos sobre nosotros mismos. Dudo que una persona que se expresa de tal forma sobre sí misma, sea alguien feliz, segura de sí misma y completa. ¿Qué ves cuando te miras en el espejo?

¿Cómo te expresas sobre ti, en tu intimidad o en tus conversaciones con otros?

Si deseas ver la vida de otra forma comienza a cambiar el sahumerio que quemas todos los días. Comienza el día diciendo: "Gracias Señor porque soy tu obra perfecta"; "Gracias Señor porque tus planes para mí son de bien y no de mal para darme el fin que espero"; "Gracias Señor porque tú eres todo lo que quiero y todo lo que necesito". Comenzarás a notar cambios en todo tu alrededor, en tu ánimo y en tu matrimonio. Qué tal si hacemos un ejercicio:

Párate frente al espejo y repite lo siguiente:

> *Gracias Señor porque estoy completa en ti, tú eres todo lo que necesito para tener propósito y dirección. Tu plan es perfecto para mí y no hay nada que se escape a tus ojos. Tú lo observas todo. Ninguna de mis oraciones ha pasado desapercibida, tú me has escuchado. Señor, ayúdame a verme como tú me ves y no como otras personas quieren que yo sea. Te entrego mis sentimientos y mis tristezas a ti para que las conviertas en gozo. Revélame tu plan perfecto y ayúdame a entenderlo y seguirlo.*
>
> *En el nombre de Jesús. ¡Amen!*

Capítulo 4

Dios en Mis Planes o Yo en los Suyos

Cuando los Planes Cambian

¿Qué pasaría si de pronto dijeran que serás llevada cautiva a otro país y allí te tienes que casar con el rey que acabas de conocer? Dejas atrás a tu única familia adoptiva, siendo joven y hermosa no puedes decidir qué hacer con tu vida sino que un desconocido decide por ti. Este es el caso de la vida de Ester. Una historia que se utiliza mucho como ejemplo de una mujer valiente que logró una gran victoria a favor de su pueblo judío.

Fuera de su Tierra (Ester 1:18-19)

Huérfana y Adoptada (Ester 2:7)

Soltera y sin hijos (Ester 2:2-3)

Fue seleccionada para ser reina, sin que nadie le preguntara si ese era su deseo (Ester 2:17)

Cuando Mardoqueo le trae la preocupación de las cartas que habían recibido los judíos sobre el permiso que tenían sus vecinos para destruirlos, ella solo pensó que fue que si no era llamada no podía presentarse al patio real porque podía morir.

¿Qué hubiera pasado si Ester hubiera estado entretenida con todas las circunstancias que le rodeaban y no concentrada en la encomienda que tenía de frente? Tenía razones para estar triste, para llorar y para cuestionar. Sin embargo, decidió atender más a lo que Dios quería y podía hacer a través de ella, que a las situaciones de su vida. Si hubiera estado en una cama deprimida preguntándole a Dios: ¿Por qué yo y no otra? ¿Por qué me tiene que pasar todo esto a mí? ¿Por qué no puedo ser como las demás que viven sus vidas en su Tierra, se casan, tienen hijos y tienen una vida tranquila y ya? El pueblo judío hubiera perecido en manos de sus vecinos.

El mundo está convulsando por el pecado y Dios sigue buscando quien haga vallado y se ponga en la brecha por el colapso de valores, de amor, de compromiso y de respeto. Lo observamos todos los días en las noticias. ¿Cuánta gente hay a nuestro alrededor agonizando por la vida que llevan? Vemos vecinos, compañeros de trabajo o familiares; muriendo porque andan perdidos, con familias destruidas por adicciones, maltrato y la falta de Dios. Tú puedes ser la solución para estas personas si te olvidas de tu situación y te atreves a decir: "Señor, aunque no entiendo, aquí estoy para ser tu vaso útil. Tú me has dado salvación y vida y no puedo más que agradecerte hablándole al mundo de tu inmenso amor". Sin embargo, nos entretenemos tanto en estar complacidos nosotros, según nuestros criterios, que se nos olvida que no se trata de nosotros. A veces a nuestros compañeros y compañeras de trabajo les decimos sobre nuestras dudas y nuestras molestias con Dios en vez de servirles de ayuda.

¿Sabías que tu vida puede impactar personas que nadie más puede? Yo estoy aquí hablándoles a ustedes, y alguien por revelación divina podría escribir estas líneas, pero mis vivencias me llevan a entender desde un punto de vista diferente. Y puedo decirte que soy feliz sin hijos, disfruto la vida que Dios me ha dado y cuando me enfoqué en Él totalmente mi vida cambió, mi ánimo cambió y mi entorno cambió.

La Estrategia de Satanás

Quiero llamar tu atención a algo importante que encontramos en *Ester 4: 16*. Ante la crisis que se avecinaba, proclamó ayuno por tres días para los judíos de Susa para ella y sus doncellas y una vez terminado, dijo: "si perezco, que perezca".

El error que cometemos en estos procesos de la vida, cuando llega una mala noticia, es que nos dejamos dominar por nuestras emociones y comenzamos a idear estrategias nuestras para acabar con el dolor. Buscamos vías de escape para "no pensar" en lo que estamos atravesando y de esta forma damos lugar a que el enemigo tome ventaja sobre nuestras vidas.

En ocasiones buscamos alivio en la comida, en las compras, en amistades, en las redes sociales o en la televisión, para darnos cuenta de que al final nada de esto nos quita el dolor que sentimos, nada se ha llevado la situación ni la ha resuelto. El enemigo va a comenzar a presentar opciones de escape para entretenernos y evitar que vayamos al único que puede ayudarnos.

Él ha sido homicida desde el principio, y no ha permanecido en la verdad, porque no hay verdad en él. Cuando habla mentira, de suyo habla; porque es mentiroso, y padre de mentira.
Juan 8:44 (RV)

Otra de las estrategias de nuestro enemigo es que, desde su caída, busca que el ser humano cuestione a Dios y desconfíe de su Palabra. Lo vimos en el huerto del Edén, cuando la serpiente le dice a Eva: "con que Dios dijo…". Lo vemos día a día cuando estamos atravesando por infertilidad o pérdidas, comienzan sus bombardeos sin parar:

"Dios pudo evitarlo".
"No eres como las demás mujeres, tienes problemas".
"No sirves ni para llevar vida en tu vientre".
"Dios te está castigando por tu pasado".
"Nada vale la pena ya".
"Él se olvidó de ti".
"¿Para qué sigues orando si Él no va a hacer nada?"

Y seguimos entreteniendo estos dardos y actuamos de acuerdo a la tristeza, incertidumbre, miedo e incredulidad que nos provocan. Nos quedamos en la casa, en la cama, nos aislamos del mundo y hasta de Dios.

El Señor me ha movido a escribir sobre este tema porque hemos sido una población paralizada por los ataques de la sociedad y del enemigo por nuestra condición de infertilidad, pero ¡ya basta! En el nombre de Jesús se levantan mujeres que dicen: "aun sin hijos voy a obedecer a Dios y a hacer su voluntad. ¡Si lo tengo a Él, lo tengo todo!".

El Ancla vs el Viento

Los barcos de diferentes tamaños deben tener por lo menos un ancla. El ancla es una herramienta usualmente de metal que se utiliza para mantener el barco estable mientras está detenido. Cuando un barco llega a un lugar seguro tira el ancla, así el capitán está claro que no importa cuánto se muevan las olas, el barco estará estable. Las personas en el interior estarán más seguras para moverse o bajar del barco, y puede ser el momento en el que existe menos preocupación por terminar arrastrados a la deriva por las olas. Durante el proceso de construcción, el constructor debe determinar qué tipo de ancla necesita ese barco, ya que no todas las anclas sirven para los mismos terrenos en el mar.

Es muy importante ser muy cuidadosos al escoger qué o quién será nuestra ancla. Nuestros amigos pueden ser buenos, pero hoy pueden estar y mañana no. Incluso nuestra familia, que nos ama, puede apoyarnos, aconsejarnos, puede mudarse, de pronto estar en desacuerdo con nosotros y no servirnos de ancla. Pero cuando establecemos a Dios como nuestra Ancla, todo lo demás son estaciones que pasan, situaciones vienen y van, alegrías vienen y van, pero nosotros no nos movemos de nuestro centro. La situación puede tornarse difícil, hasta parecer una tormenta, pero tu vida no se tambalea si tu ancla es Dios.

Me refiero a que sin importar lo que veamos, lo que escuchemos o los resultados de los últimos análisis, podemos vivir seguros de que Dios es un Dios bueno, que nos va a brindar las fuerzas para enfrentar ésta y todas las situaciones que tengamos que enfrentar en nuestra vida. Estaremos seguros de que Dios nos va a dar las herramientas que necesitamos para manejar cada día, cada momento, cada emoción, cada paso de esta travesía. Si vivimos Anclados en esta verdad, nada nos va a mover.

Dios se puede convertir en tu ancla en la medida que lo conoces y le das la oportunidad de ser todo para ti, tu consuelo, tu ayuda, tu guía, tu libertador, quien defiende tu causa. Solo en relación con Él llegarás a conocerlo y a desarrollar una fe inquebrantable en que Él es quien te sostiene de la mano derecha y te dice: "NO TEMAS, YO TE AYUDO".

Por otro lado, el viento es algo que sentimos, es provocado por cambios en la temperatura, tiene distintos tipos de intensidad; si hablamos meteorológicamente, puede ser desde una ráfaga hasta un tifón. Podemos sentirlo en unas ocasiones del día más que en otras, en unas estaciones del año más que en otras y en unos lugares más que en otros. El viento tiene la capacidad de ser muy beneficioso para el impulso, provocar energía, mover veleros, molinos e incluso globos aerostáticos. Sin embargo, tiene la misma capacidad de destrucción cuando nos encontramos con huracanes y tifones.

De igual forma sucede con nuestras emociones. Las emociones humanas son puestas por Dios para que seamos eso mismo, humanos y no robots. Nos hacen cálidos, distintos, apasionados e interesantes. Son variables, inestables y tienen la capacidad de construir como destruir. En momentos de mucha angustia, podemos encontrar que unos días son intolerables y otros días casi no las sentimos.

Si nuestro centro son nuestras emociones vamos a estar arrastrados de lugar en lugar sin rumbo fijo. Si hoy me siento feliz voy a hacer lo que me corresponde, voy a tener fe, voy a confiar, voy a actuar positivamente. Si hoy estoy triste voy a dormir todo el día, voy a cambiar de país, de casa, de trabajo, de enfoque o de estudios simplemente porque es lo que siento. Todo el que está a nuestro alrededor será afectado por el vaivén de nuestras emociones y éstas sí tienen la capacidad de destruir las mejores relaciones y lo que nos ha tomado años construir.

Si estamos pasando por un divorcio, la pérdida de un hijo, una operación o una enfermedad, vamos a tener emociones, sí, muchas emociones juntas y eso es totalmente normal. Lo que no debemos hacer es vivir nuestras vidas de acuerdo a esas emociones diarias. En ese momento debemos anclarnos en el Señor para que sea Él nuestra estabilidad en medio de esa tormenta, quien nos mantenga con nuestra salud mental, emocional y espiritual. Quizás pienses que tienes tanto dolor que no puedes ni orar. Él entiende que hay momentos en los que solo salen lágrimas y ni una sola palabra. Aun así, Él está dispuesto a ser tu Ancla, si se lo permites.

Capítulo 5

Herramientas de Batalla

La Estrategia de Dios

Debemos comenzar a cambiar nuestra mentalidad y entender que todo debemos entregárselo al Señor. Si es algo positivo pide dirección, agradece a Dios que te da la oportunidad de disfrutarlo. Si es negativo pide fortaleza hasta que no puedas más porque es la única forma de enfrentar las adversidades que la vida va a presentarte.

¿Qué herramientas espirituales tenemos disponibles a nuestro favor en cualquier situación que enfrentemos? La Oración, el Ayuno y la Palabra son nuestras mayores armas. También podemos recibir mentoría de personas que han recorrido nuestro camino y tienen una palabra de aliento. Debemos volver a nuestras raíces a retomar lo que hemos perdido.

La primera herramienta, espiritual, que me gustaría tratar es el **Ayuno**- Según el Nuevo diccionario Ilustrado de la Biblia, Nelson, es el ejercicio espiritual en el que un individuo o una comunidad se abstienen de comida, también lo conocemos como separación.

En estos tiempos se promueve mucho la salud y el peso ideal para tener una vida más larga y activa. En el momento en el que decidimos llevar una vida saludable, comenzamos con ciertos pasos para lograrlo. Decidimos que dejaremos los dulces, nos alimentaremos bien y haremos ejercicios. Al principio es difícil, los dulces te los regalan en cada esquina, te das cuenta que las compras de comida te salen más caras y el comenzar a ejercitarte provoca que te duela hasta el pelo. Si te han diagnosticado diabetes o alta presión eres aun más fiel a la dieta para evitar, a largo plazo, otras complicaciones.

Hoy día se promocionan muchas pastillas y artículos que te harán perder peso rápidamente, de esta forma logras tu meta en corto tiempo. La diferencia de hacerlo así versus hacerlo paso a paso, es que no adquirimos una disciplina adecuada en nuestra alimentación, por no mencionar los efectos secundarios de estos productos. Para lograr la meta y mantenerla necesitaremos esfuerzo, dedicación y empeño. No solo se trata de llegar, sino de mantenernos.

Igual sucede con la vida espiritual, me llama la atención la frase **ejercicio espiritual**. ¿Qué ejercicio no requiere tiempo, trabajo y algún sacrificio de nuestra parte? Me parece que todos. La diferencia es que, en este caso, los resultados van de adentro hacia afuera. Al principio como todo ejercicio, cansa, incomoda y nos da trabajo hasta que nos acostumbramos. Cuando comenzamos a ver los resultados, entonces vemos que es necesario para nuestra salud espiritual.

Existen diferentes tipos de ayuno y diferentes razones para llevarlo a cabo, según la Biblia. Existen los ayunos totales, los ayunos parciales, los ayunos con ciertas comidas, los ayunos de medio día, un día y varios días.

El propósito del ayuno es separar un espacio ininterrumpido para Dios en el que le decimos: "no puedo, necesito que me ayudes". Declaramos nuestra dependencia total de Él y nos preparamos para recibir sus instrucciones. Nos preparamos espiritualmente para hacer tareas encomendadas por Él, recibimos herramientas y nos acercamos a Él. Al igual que si hacemos ejercicios físicos estaremos más saludables, ágiles y mejor preparados para cualquier actividad física; de la misma forma, si estamos entrenados espiritualmente podremos enfrentar mejor las emociones, las situaciones que se presentan y estaremos conectados a la fuente de toda sabiduría que es Dios.

Isaías 58 habla del verdadero ayuno, y si leemos los versos, lo que Dios pide son acciones que nos cuestan como seres humanos: no ser injustos, libertar a los oprimidos, compartir nuestro pan, dar techo y vestido a los que lo necesitan. No habla tanto de alimento, sino de realizar acciones pensando en el bien del prójimo. ¿Los resultados? Los versos 8 y 9 de ese capítulo dicen: Si así procedes, tu luz despuntará como la aurora, y al instante llegará tu sanidad; tu justicia te abrirá el camino, y la gloria del Señor te seguirá.[9] Llamarás, y el Señor responderá; pedirás ayuda, y él dirá: "¡Aquí estoy!"

Como ejercicio espiritual también existen muchas otras cosas de las que podemos abstenernos por un tiempo y dedicar ese espacio a Dios. En la era de la tecnología, las redes y el entretenimiento instantáneo, en muchas ocasiones invertimos demasiado tiempo. Limitar o eliminar estas actividades por un período, puede ser muy saludable para nuestra vida espiritual y así conectarnos con Dios. Más aun, si lo que ves ahí está causando que te sientas triste, al hacer comparaciones que te llevan a deprimirte. Si somos realistas, en la tecnología podemos encontrar muchas cosas que edifican y otras que sería mejor evitar completamente.

En mis años de juventud me encantaba la televisión, películas, novelas, series, de todo. ¡No es malo ver televisión, para nada! El asunto es que me robaba todo mi tiempo y en el momento en el que me sentía triste o tenía cualquier situación problemática, utilizaba el televisor como escape para desconectarme y olvidarme de lo que me estaba pasando. ¿Cuál era el resultado? Terminaba igual de triste porque la televisión no podía darme las herramientas que necesitaba para manejar la situación. Solo me sentía peor. ¿Qué he tenido que hacer? Tener dominio propio. Veo televisión en horarios específicos y siempre dedico parte de mi tiempo a otras cosas, como la lectura, escuchar música y tener espacios de silencio total. Ya el televisor no me controla y cuando tengo alguna situación solo Dios es mi respuesta. Si en tu caso es la comida a lo que recurres para calmar tus emociones, sería bueno aprovechar un espacio en el que puedas abstenerte de esto que te controla.

¿Para qué es el ayuno y qué puede hacer por ti? Si nos situamos en una multitud, todos hablando a la vez en voz alta, compitiendo para que su voz se oiga por encima de las demás y yo intento tener una conversación contigo, sería muy difícil. Tendría que gritar y aun así el mensaje llegaría incompleto. Digamos que toda esa multitud tiene nombre, trabajo, escuela, casa, familia, entretenimiento y amistades. Cuando decidimos separarnos para Dios apagamos todas esas voces a la vez y estamos en silencio frente a Dios pidiendo dirección, fortaleza, claridad y podemos escucharle claramente.

Si buscamos a través de la Biblia encontraremos que el Pueblo de Dios cada vez que había peligro, guerra u otras situaciones, oraban y ayunaban.

...y me hizo la siguiente aclaración: Daniel he venido en este momento para que entiendas todo con claridad.
Daniel 9:22 (NVI)

En este momento, luego de que Daniel orara y ayunara, recibió respuesta y entendimiento.

Oración- Un barco sin brújula, se pierde o no llega al puerto deseado. Igual un avión, sin una persona en la torre de control diciéndole donde debe ir, choca, no llega a su destino o se pierde. Estamos acostumbrados a que esto sea así, sin embargo, no lo vemos de la misma manera cuando se trata de la oración. Pensamos que es algo opcional que podemos hacer si nos sobra tiempo y si podemos, dejándola para el final del día en nuestra cama acostados.

Pensamos que la oración es solo hablar con Dios, cuando en realidad es tener una conversación con Dios. Una conversación es cuando yo hablo y tú me respondes. Dios nos dirige, nos da instrucciones, nos da fortaleza, recibimos una paz inmensa cuando estamos en su presencia, podemos hacer cosas que en nuestra humanidad jamás podríamos. La oración no es solo pedir lo que quiero, es entregar lo que nos duele, nos pesa, nos atormenta, en las manos de un Dios que todo lo puede. Nuestras emociones, nuestra enfermedad, la depresión no pueden resistirse a Su presencia.

Si nos desconectamos de nuestro Guía porque no oramos perdemos el sentido de dirección, el sentido de la vida en medio de las tormentas. Por eso hay tantas mujeres que se sienten perdidas en medio de un proceso tan difícil como lo es la infertilidad. Si te mantienes Anclada en Él no vas a ser conmovida. Te lo puedo asegurar. Por algo el salmista David decía en el Salmo 46:

Dios es nuestro amparo y fortaleza, Nuestro pronto auxilio en las tribulaciones, por tanto, no temeremos, aunque la tierra sea removida, y se traspasen los montes al corazón del mar.

Cuando lo perseguían para matarlo, cuando era fugitivo, aun ungido para ser rey y en todas las situaciones difíciles, él encontró que su refugio en la tormenta solo era Dios. No podemos refugiarnos en más nadie. El hombre puede escucharnos, pero no puede cambiar lo que hay en nuestro corazón, no puede curar el dolor que sentimos. Eso solo lo puede hacer Dios cuando tenemos una relación con Él. Cualquier intento de escape nos va a dejar tan vacíos o más de lo que estamos hoy.

Otra herramienta que tenemos disponible es La **Palabra**– Cuando atravesamos momentos difíciles, nuestra mente, nuestra ansiedad y el enemigo se encargan de llenarnos de temor. No hay nada peor que el temor, nos hace reaccionar de forma incorrecta, nos hace tomar decisiones erróneas y nos lleva a la destrucción si no lo identificamos y decidimos actuar en consecuencia. Comienzan las preguntas: ¿Qué va a pasar ahora? ¿Vas a perder tu matrimonio porque no puedes darle hijos? ¿Te van a mirar diferente? ¿Te vas a morir de vieja sola? ¿No vas a tener quién te cuide en tu vejez? "Tu vida ahora no tiene sentido". Todas esas son mentiras que se van sembrando en nuestro corazón, provocando desesperanza y falta de fe. Nos hacemos la película de lo mal que van a resultar las cosas en 1 mes, 1 año y en 10. Este es el momento en que el enemigo se viste de serpiente otra vez y comienza a decirte: "con que Dios dijo…".

El temor es un yugo muy fuerte y muy difícil de romper, y en muchas ocasiones pasa desapercibido. Cuando nos damos cuenta está presente en lo que pensamos, en lo que decidimos y en lo que hacemos. Cuando eres estéril o infértil tienes miedo a que te pregunten y a verte en la necesidad de explicar lo que pasa, tienes miedo a nunca poder tener hijos, tienes miedo a una vida solitaria, a una vida incompleta. ¿Cómo podemos contrarrestar estas mentiras?

El mundo nos va a seguir llevando a su ritmo y a su propaganda, las personas nos van a pedir que vivamos según sus expectativas. Solo la Palabra de Dios es suficientemente viva y verdadera para filtrar el bombardeo diario, nuestras emociones y nuestra cultura. No podemos seguir viviendo en la mentira de que somos cuando tenemos o por lo que tenemos. Somos cuando estamos Ancladas en Él y en sus promesas. Sus promesas las podemos conocer a través de lo que dice su Palabra.

El cielo y la Tierra pasarán, pero mis palabras no pasarán.
Mateo 24:35 (RV)

Cada temor, cada sentimiento, tómalo y pásalo por el cedazo de su palabra. ¿Qué estás pasando en este momento? Haz una lista de versos que contrarresten esos pensamientos o emociones.

- Mis conocidos me insisten preguntándome cuando voy a tener hijos. *Proverbios 16-9*
- El médico dice que no hay esperanza.

  _____

- Me siento sin propósito al no poder tener hijos.

  _____

- Mi matrimonio se va a romper si no puedo darle hijos a mi pareja.

  _____

- Voy a ser importante cuando tenga hijos.

  _____

Mientras Ester era llevada al palacio y preparada por un año para presentarse ante el rey, Aman estaba inventando un plan para destruir a todos los judíos y pagaba tres cuartas partes del sueldo anual de un trabajador si cumplían con su encomienda.

Mientras nosotras estamos entretenidas en nuestras situaciones, enfocadas en nuestra falta de hijos y nuestra mente divagando en lo diferente que sería nuestra vida si pudiéramos tenerlos, el enemigo está planificando destruir a los nuestros, a nuestra familia y colgar nuestros sueños, propósitos y el plan de Dios para nuestras vidas. Muchas veces él mismo provoca estos atrasos para que nos distraigamos del propósito de Dios para nosotros. Si mi historia sirve para evitar que otras mujeres pierdan tiempo al deprimirse y obsesionarse con tener hijos, y por el contrario, las impulsa a que se enfoquen más en Dios que en sus circunstancias. ¡Bendito sea Dios!

Si Ester hubiera dicho: "no puedo enfocarme en el pueblo ahora porque tengo que pensar en cómo evitar este matrimonio que no deseo o en cómo evitar ser cautiva aquí", todo un pueblo hubiera perecido y el plan de Dios se hubiera tenido que cumplir a través de otra persona. Jamás quiero pensar que Dios tenga que escoger a otra persona para hacer la obra que me delegó a mí, ¡jamás!

Si callas absolutamente en este tiempo, respiro y liberación vendrán de otra parte... Ester 4:14 (RV)

Capítulo 6

La Familia

El Matrimonio

Cuando vamos a ver cualquier juego que requiera de la intervención de un equipo como el baloncesto, *volleyball* o *football*, nos daremos cuenta de que un equipo, para poder llamarse equipo, tiene que estar de acuerdo en formarse o unirse. Debe tener: un propósito definido, comunicación, dirección dentro y fuera del juego e integración.

El propósito del equipo es primero lograr más anotaciones que su oponente y ganar el juego. Antes de ir a jugar, estudian a su oponente, sus estrategias, sus jugadas y sus puntos débiles para poder ir mejor preparados para ganar. Podemos ver que todos los miembros del equipo tienen una función que, aunque es distinta, es vital que la cumplan y hagan lo mejor que puedan para alcanzar la victoria. Algunos son mejores pasando la bola, otros son mejores acomodándola y otros anotando. Uno sin el otro no puede funcionar bien y no pueden existir egoísmo o egocentrismo, en su lugar debe haber una visión de equipo. Si alguno brilla,

brilla dentro de la posición que mejor realiza, favoreciendo al equipo.

En caso de tener algún conflicto o percance en el campo de juego, reciben información de un dirigente que ve todo desde otro ángulo y cuando las estrategias no los llevan a ganar, se realizan ajustes en lo que está fallando y se crean estrategias nuevas que los ayuden a resistir a su oponente hasta vencerlo y lograr la deseada victoria. Si aun así pierden partidos, continúan practicando para mejorar.

Mientras escribía este libro veía una imagen muy clara acerca de cómo los matrimonios cuando se encuentran bajo presión, en lugar de unirse para vencer se vuelven uno contra el otro para acusarse y descargar sus emociones uno en el otro. Los veía contra una pared blanca, sin salida. También vi cómo se viraban uno frente al otro para herirse con palabras y gestos. De pronto, la relación se vuelve un campo minado en el que en cualquier momento puede haber una explosión.

Cuando nos casamos, el pastor, ministro o quien nos casó recitó la parte del *Génesis 2:24*: *Por tanto, dejará el hombre a su padre y a su madre, y se unirá a su mujer, y serán una sola carne.*

Me gustaría que discutiéramos un poco sobre esto. Una sola carne pensamos que es estar unidos, no escondernos nada, quizás tener cuentas juntos, amar a Dios, tener metas en común y hasta tener un mismo norte en la vida. Sin embargo, esto va un poco más allá. Veamos qué quiere decir el Señor con esto:

Porque nadie aborreció jamás a su propio cuerpo, sino que lo sustenta y lo cuida.

Efesios 5:29 (RV)

Si recibimos un golpe en una pierna, la cuidamos y la protegemos para que no sufra más golpes encima del que ya tiene. Si nos lastimamos un brazo velamos para que descanse y compensamos con el otro brazo las tareas que le corresponden a ese. Si nos enfermamos, nos tomamos los medicamentos que sean necesarios para salir de esa crisis. No le decimos a la pierna: "creo que no estas manejando bien el golpe que recibiste, debes recuperarte más rápido, o de manera distinta". No le decimos a nuestro brazo: "lo lamento, no te puedo ayudar, necesitas hacer lo que haces todos los días, aunque te duela". No criticamos nuestro propio cuerpo por lo que siente, ni nos aislamos de él cuando está enfermo, sino que lo cuidamos. No le pedimos al médico que nos ampute un dedo porque lleva un año paralizado.

Entonces, ¿por qué no hacemos lo mismo con nuestra pareja cuando llega la crisis? Por el contrario, nos alejamos, la rechazamos y creamos distancia emocional porque simplemente no entendemos por qué actúa de tal o cual forma. ¿Por qué decidimos tomar el camino del divorcio cuando surgen eventos dolorosos o desilusiones? ¿Por qué abandonamos a nuestra pareja con su dolor o nos enajenamos porque NO FUNCIONA como otros seres humanos? Es que en las buenas y en las malas, para bien o para mal, dura hasta que me puedas dar hijos, hasta que me agotes la paciencia o te comportes como "deberías".

Si somos una sola carne debemos vernos como tal y tratarnos como tal. Si mi pareja está atravesando un proceso de crisis no la abandono, buscamos juntos la salida, luchamos juntos hasta que esa parte de MI cuerpo se recupere. Le brindo el medicamento que necesita para que estemos bien lo más pronto posible

Porque nuestra lucha no es contra seres humanos, sino contra poderes, contra autoridades, contra potestades que dominan este mundo de tinieblas, contra fuerzas espirituales malignas en las regiones celestiales.
Efesios 6:12 (NVI)

Normalmente aplicamos este verso cuando personas de nuestro trabajo, familia o conocidos intentan hacernos daño, pero el verso indica que nuestra lucha no es contra seres humanos. No luchamos contra ningún ser humano, esto incluye a nuestra pareja; luchamos contra algo más poderoso que siempre ha intentado destruir cada cosa que Dios creó. La familia es su punto de ataque más fuerte y más frecuente. De la destrucción de las familias prácticamente se derivan la mayoría de los males sociales que conocemos hoy.

Cuando recibimos la noticia de que no podremos tener hijos, enfrentamos todos los sentimientos existentes: coraje, decepción, frustración, impotencia, tristeza, ansiedad y nuestra autoestima se afecta. Todos estos sentimientos que comienzan siendo leves, nos pueden llevar a situaciones mayores como depresión, dependencia de medicamentos, ataques de ansiedad y pánico, entre muchas otras cosas. ¿Qué sucede? Que el matrimonio enfrenta las cosas de forma totalmente diferente y en lugar de estudiar a nuestro oponente y establecer una estrategia en su contra, decidimos dejar que nuestras emociones nos dominen y las descargamos en la persona con la que más confianza tenemos, que es quien está más cerca: nuestra pareja. De esta forma comienza una montaña rusa de situaciones que, si no las identificamos, nos pueden llevar a la destrucción.

Es tiempo de mucha comunicación abierta y amorosa. Si guardamos emociones, se volverán una avalancha que luego puede ser más difícil de manejar. Algo que debemos tener bien claro es que esta persona fue la que Dios nos presentó y nosotros escogimos para pasar el resto de nuestras vidas juntos. Un diagnóstico, una pérdida o una mala noticia en nada cambian lo que Dios ya unió.

¿Cómo lo Enfrenta la Mujer?

Esposo: La mujer en su diseño original, fue creada para dar vida, para influenciar, para brindar amor. Cuando esto no se puede alcanzar con hijos, se siente incompleta y esto produce emociones y sentimientos de vacío intenso. Es por esto que en muchas ocasiones tu pareja no comprende que no importa lo que hagas para hacerla sentir bien o para llenarla, aun así, sigue sintiéndose triste y vacía.

Es muy importante que comprendas que nada llena ese espacio en la Tierra, ni tú, aunque sientas un amor inmenso por ella y sean los mejores amigos. Nada. Ese espacio Dios lo creó para los hijos. Solo Dios puede llenarla y puede ayudarla a manejar el vacío y los sentimientos que provocan en ella el saber que no puede tener hijos.

¿Qué puedes hacer por ella? Escúchala sin juzgarla. Va a ser repetitiva sí, en ocasiones va a fijarse en detalles insignificantes de los bebés de otras mujeres, va a estar irritable en unos días y llorosa en otros. Recuerda, es un sueño que considera tronchado. Ora por ella, oren juntos, presenten sus sentimientos diariamente a Dios y entréguenle lo que les preocupa. Pidan mucha dirección al Señor y sobre todo, es recomendable, demostrarse mucho amor y comprensión de uno hacia el otro. Cuida con quién se relaciona y qué puede aportar a la situación que atraviesan. Hay muchas personas que contribuyen a la desesperación y a la depresión con sus comentarios y sugerencias, aun de la familia.

Este es un tiempo de ustedes en el que deben estar juntos para conversar, apoyarse y hacer un plan de cómo van a enfrentar este proceso juntos. Si se mantienen constantes en esto, la situación será mucho más manejable hasta que estén fuertes.

Si pasa algún tiempo y ves que tu esposa no levanta su ánimo, está irritable la mayoría del tiempo y se aísla, quizás es momento de conversar sobre buscar ayuda más allá de la espiritual para manejar la situación.

¿Cómo lo Enfrenta el Hombre?

Esposa: tu esposo fue creado para proteger, dirigir y producir. Cuando esto se ve frustrado tienden a aislarse en sus pensamientos y a veces aparenta que nada sucede en ellos, que no están sufriendo como nosotras el golpe, la pérdida. Sin embargo, en ocasiones, la batalla que se libra en sus mentes es mucho más fuerte que todas las emociones que podamos estar sintiendo.

Si a esto le añadimos que ellos tienen algún problema de infertilidad, esto golpea bastante su virilidad y les cohíbe de aceptar y buscar ayuda médica abiertamente, ya que sienten que todos se van a enterar de que no son lo que "deberían". Incluso puedes encontrarte con la situación de que ignoren por completo el diagnóstico del médico y actúen como si nada hubiera pasado.

La situación se convertirá en una de mucha fricción si comienzas a reclamarle que no le importa, que es de palo, que no sufre, que no quiere hacer nada, porque esto lo aislará aún más. Una vez un hombre levanta un muro, es muy difícil derribarlo para penetrar.

Ora por él, invítalo a que oren por la situación que atraviesan. Si él no tiene deseos de orar, hazlo tu sola por ahora. Muéstrale que sigue siendo el mismo hombre que has amado hasta hoy, alimenta su fe. Cuéntale testimonios de sanidad divina. No le cuentes a todos los que conoces sobre el "problema" que tiene tu esposo, porque eso lo hará sentir aún más incómodo con su hombría. No le hables de buscar tratamiento, háblale de que deseas que te acompañe a escuchar la explicación que el médico va a darles sobre tal o cual tema. No lo abrumes con tus lecturas sobre su condición o los 34 tratamientos que existen para su enfermedad, porque esto lo hará sentir irritado.

Si hay algo que debemos aprender en una situación como ésta, es ser pacientes y sabias por el bien de nuestra relación con nuestro esposo.

Cambios en la Relación

Tener la idea de que nuestra relación será igual desde que nos casemos hasta que nuestras vidas acaben, es imposible. Cambiamos, crecemos, nos movemos, maduramos y con todo esto, inevitablemente, la relación cambia. Es lo natural. Sin embargo, cuando llega de pronto una noticia como: "no vas a poder tener hijos"; nos produce un gran impacto que puede alterarlo todo.

Cambian las emociones, cambia la dinámica en el matrimonio, cambian los planes que tenían, la dirección que llevaban, cambia el futuro y hasta cómo nos vemos como individuos.

La relación corre peligro cuando dejamos de tener conexión y todo se vuelve una constante conversación sobre la falta de hijos, un conteo de píldoras, fechas, ovulación y todo se torna mecánico en lugar de íntimo y amoroso. De pronto, solo se tienen encuentros sexuales en el momento de la ovulación y el resto del mes estamos muy tristes o muy estresados para poder pensar en la intimidad, en una conversación real o en tiempo de calidad.

Dios nos creó para tener intimidad en todos los sentidos y de ahí se procrean hijos. No para procrear hijos sin ningún tipo de intimidad como si fuéramos máquinas o relojes. No me malinterpretes cuando digo esto. Cuando el médico lo recomienda, hazlo, pero también mide hasta dónde tu relación se ha convertido en un movimiento diario para tener hijos hasta el punto que cuando los tengas, no te quede ninguna relación. La motivación de las conversaciones con tu pareja deben ser el amor, los sueños, los planes. La intimidad debe darse siempre, no solo para tener hijos.

Si se les hace difícil, envuélvanse en actividades que les gusten a ambos, que no estén relacionadas con el asunto. De esta forma, tendrán tema de conversación fuera de médicos, tratamientos y operaciones. Reúnanse con personas que respeten esta parte de sus vidas y les conversen, sobre otros temas, no de hijos, fertilidad ni nada de eso. Quizás es el momento de decidir sabiamente con quiénes se van a relacionar mientras atraviesan este proceso.

Necesidad vs. Deseo

Mi Dios, pues, suplirá todo lo que os falta conforme a sus riquezas en gloria en Cristo Jesús.
Filipenses 4:19 (RV)

En el tema de la familia e hijos es bien importante hacer una distinción entre estos términos. Estamos en un mundo bombardeado por los medios de comunicación, que nos hacen pensar que muchas cosas son necesidades cuando en realidad son deseos. Una necesidad es algo vital sin lo cual funcionarías inadecuadamente. Si no duermes por un mes, tu organismo colapsaría y tu cerebro entraría en una especie de corto circuito; si no comes, mueres; si vives completamente aislado por tiempo prolongado, podrías comenzar a tener problemas para relacionarte con los demás. Por otro lado, un carro nuevo no es una necesidad, es un deseo; una casa nueva, un salario de $50,000 al año, tener un cuerpo escultural, todas estas cosas se sienten como necesidades, pero son simplemente deseos.

Igual sucede con la maternidad, en ocasiones es un deseo. Sí es mandato de Dios multiplicarnos, pero lo que me lleva a quererlo es lo importante. He escuchado de matrimonios que dicen: "quiero tener hijos porque ya alcancé todo y me siento aburrido sin hijos". Otros, desean hijos para que su matrimonio se solidifique porque piensan que si solo pudieran tener hijos su matrimonio se arreglaría. Algunos porque todas sus amigas y familiares ya tienen y no quieren estar fuera de grupo. Entiendo perfectamente la presión de que te sientas como un marciano en las actividades y fiestas, ya que todo gira alrededor de niños y tú no estás en ese planeta. El detalle es que si eso es lo que te mueve a desear un hijo: ¿Qué sucederá en el momento en que lo tengas y pase la magia, cuando estés trasnochada por quinta noche consecutiva? El aburrimiento se acabó, el matrimonio recibió más presión por la falta de tiempo y tus amigas y familiares no están ahí para decirte descansa un rato que yo te relevo.

Entonces nos damos cuenta que no es el remedio que pensábamos. Un hijo no es un remedio, es parte de un plan de Dios para nuestras vidas y tiene su objetivo dentro del propósito de Dios para la humanidad. La familia no es una costumbre, los hijos no son un complemento.

Plan de Dios para los Hijos

La Familia fue un diseño hecho por Dios con unas características e instrucciones específicas para la función adecuada de nuestro hogar y de las futuras generaciones.

Y los bendijo Dios, y les dijo: Fructificad y multiplicaos; llenad la tierra, y sojuzgadla, y señoread en los peces del mar, en

las aves de los cielos, y en todas las bestias que se mueven
sobre la tierra.

Génesis 1:28-29 (RV)

Imagínate un lugar hermoso, con aguas limpias y cristalinas, una temperatura perfecta -ni muy frio ni muy caliente-, con todos los colores existentes vibrantes, flores de todos tipos -rosas, lirios, tulipanes, girasoles y hortensias-, con todos los árboles de frutas, viandas y vegetales de los que conocemos y de los que no. Con animales de todas las especies, el cantar de los pájaros más armonioso que hayas escuchado. Todo en un orden y armonía perfecta. Sin preocupaciones por: trabajo, dinero, problemas. Sin estrés, sin enfermedades, sin nada de lo que nos preocupa hoy día. Parecen nuestras vacaciones perfectas, unas en las que nos desconectamos por una o dos semanas para recargar y volver a la realidad. Allí vivía la primera pareja creada. Pero para esta pareja era su vida diaria. No habían reglas que no fueran las divinas. Y esta pareja tenía la oportunidad de crear el estilo de vida que deseara porque no existían vecinos, hermanos, suegras, tíos o compañeros de trabajo que les hicieran comentarios sobre cómo debían llevar su vida.

Dios hace toda la creación, coloca al primer hombre en ella y le hace una compañera ideal para esta tarea que aun desconocen. Ser los padres de la raza humana. Una vez Dios los crea y los coloca en este hermoso lugar, acto seguido les da instrucciones. Dios le da este mandamiento al hombre y a la mujer recién creada. Hasta este momento no se habla de que hayan tenido hijos. Estaban en comunión perfecta con el Señor y disfrutando de este paraíso.

Me llama mucho la atención que Dios no les dice aprovechen este lugar hermoso, descansen y luego tengan muchos hijos. Dios comienza diciéndoles **Fructificad**. Si buscamos el significado en *WordReference.com* viene de fructificar que significa madurar, aprovechar o producir. En la Bibliaparalela.com la palabra viene de *"parah"* que significa dar frutos y crecer. Si vemos esta palabra es un verbo, o sea que requiere una acción por parte de Adán y Eva.

A esta primera pareja creada en el lugar perfecto, con las condiciones perfectas, sin estrés, sin contaminación de pensamiento y emociones; Dios les dice que crezcan y den frutos. El primer paso en el orden divino es que crezcamos nosotros primero, que seamos personas completas, felices, maduras, que tengamos nuestras propias metas, frutos y logros antes de cualquier otra cosa. Esto no es algo que va a llegar de pronto, sino algo que intencionalmente debemos buscar; estar completos, maduros y con frutos. Me podrías decir: "ya lo tengo todo, estudié, he viajado, tengo el trabajo de mis sueños, un sueldo por encima del promedio, una casa, solo me falta un hijo". Yo te pregunto: ¿Estás completa? ¿Tu vida tiene frutos que no sean los materiales?

...pues he aprendido a contentarme, cualquiera que sea mi situación.

Filipenses 4:11 (RV)

Con todas las situaciones que había vivido Pablo, sin esposa, sin hijos, podía decir que en cualquier situación había aprendido a contentarse. Cuando dice he aprendido significa que no es algo automático, ni que nació con esta cualidad. Es algo que decides a pesar de lo que enfrentas, a pesar de las burlas, el abandono, el dolor, la pérdida, las heridas, los desprecios y las malas noticias. Decides tener contentamiento a pesar de todos esos retos. Esto no significa que seremos robots y vamos a negar nuestros procesos, no. Los reconozco, pero aun así sé que el Dios al que yo le sirvo está conmigo, sé que es fiel, sé que esta situación solo es temporal, que todo tiene un principio y un final, aunque a veces parezca interminable el sufrimiento. Aunque a veces sientas que no se acaban los diagnósticos, y cuando piensas que tu fe está fuerte, un golpe llega y te hace tambalearte. Se vale llorar, se vale entristecerte. No se vale mantenernos ahí por mucho tiempo porque nuestra vida va mucho más allá de lo que estamos viviendo en este momento. Todo puede empezar con una simple oración que diga: "Señor, me siento muy triste, pero te amo a ti más de lo que amo entender".

Hay una historia que me estremeció en el momento en que la escuché y deseo contártela. Se trata de Horatio Spafford y su esposa Anna Spafford. Líder de una iglesia, casado y con cinco hijos. Sufrió la pérdida de uno de sus hijos por enfermedad. Un tiempo más tarde decide tomar unas vacaciones con su familia, pero una situación laboral lo retrasa y envía a su esposa y cuatro hijas adelante para alcanzarlas una vez resuelva la situación. El barco se hunde y sus cuatro hijas mueren, solo queda su esposa viva quien le notifica de la tragedia. Inmediatamente toma un barco para encontrarse con ella. Mientras está viajando le señalan el lugar en el que fallecieron sus hijas. Lo que provoca que el escriba la siguiente canción:

Cuando la paz, como un río, inunda mi camino,
Cuando los dolores como las olas del mar
ruedan;
Sea cual sea mi destino, tú me has enseñado a
decir:
Está bien, está bien con mi alma.

Que Cristo ha considerado mi estado de
indefensión, y ha derramado su propia sangre
sobre mi alma.

Para mí, sea Cristo, sea Cristo suficiente razón
para vivir:
Si el Jordán sobre mí rodara,
Ningún dolor será mío, porque en la muerte
como en la vida tú susurrarás tu paz a mi
alma.

¿Qué podría haber hecho que este hombre en el peor momento de un padre, habiendo perdido sus cuatro hijas, cante esto? Este es un claro reflejo de lo que habla el apóstol Pablo.

Este ha sido un tema que el Señor ha tratado mucho conmigo en este proceso de infertilidad. Al igual que a ti, me abrumaba el hecho de saber que pasaban los años y vi niños nacer que ya son adultos y yo siempre en el mismo lugar, en la espera de un milagro que año tras año no sucedía. Esto me consumía cada pensamiento y siempre me preguntaba lo mismo: ¿Por qué? ¿Qué se sentirá ser madre? ¿Qué se sentirá cargar un niño en el vientre? Pasaba horas en la noche imaginando cómo sería tener un niño en la casa. Eso parece inofensivo, pero me entristecía mucho y me desenfocaba de todo lo demás. Hasta que el Señor fue muy enfático conmigo y me señaló mi falta de contentamiento en este proceso de mi vida. Solo en oración y a través de muchas horas a sus pies logré soltar la carga, en ocasiones era llorando, en otras era desahogando mi frustración, en otras era pidiéndole y en todas le entregaba mi tristeza, hasta que poco a poco desapareció. Él te escucha, no pienses que porque esa petición específica no la ha contestado, Él te ignora. !Para nada! Él ha recogido todas las lágrimas que has derramado. Él ha escuchado cada oración, cada súplica, cada pensamiento y los ha tomado en cuenta. Él y solo Él puede llevarse tu tristeza y dejarte un gozo que no puedas explicar.

Hace unos meses fui al doctor y luego de recibir sanidad de mis hormonas en 2006 el médico me diagnostica adenomiosis. Una forma de endometriosis dentro del útero que solo se puede eliminar extirpando la matriz. Se pueden imaginar los dolores y problemas que he tenido a lo largo de mi vida. Pero nadie lo había detectado hasta ahora. Cuando el médico me dice que la opción es eliminar la matriz, tuve que contener el llanto frente a él. Fue como un golpe que me estremeció el corazón. Salí del médico y lloré del impacto ese día, y estuve triste el día siguiente. Pero eventualmente tuve que entregarlo en oración porque no puedo permitir que esa noticia me robe la fe ni mi contentamiento. Yo decidí entregarlo y recibir paz. Esto es un proceso diario, te encontraste a tu amiga de la escuela superior con sus dos hijos, entrégalo. Fuiste a una actividad y te preguntaron: ¿pa' cuando dejas para tener hijos?, entrégalo.

El próximo mandamiento es multiplicaos; llenad la Tierra. Una vez somos seres completos, estamos listos para multiplicarnos, para tener una paternidad y maternidad saludable, para criar hijos en el Señor. Necesitamos estar maduros y completos porque el Señor sabe el reto que representa el ser padres y la responsabilidad que requiere de nosotros sobre nuestros hijos. Una vez realizadas las primeras acciones, trabajen, sean buenos mayordomos de lo que les he dado para disfrutar.

Los hijos son herencia del Señor,
Los frutos del vientre son una recompensa.
Como flecha en las manos del guerrero...
Salmo 127:3-4 (*NVI*)

Una herencia no es algo que nosotros ganamos, compramos o buscamos. Es algo que alguien que nos amó nos deja para beneficio nuestro. Puede ser una propiedad, dinero, o cualquier otro bien. No todos la recibimos, pero quien la recibe, dependiendo de cuánto la valore o cuánto sepa manejarla, decide qué hace con ella. Algunos reciben dinero y en unos meses nuevamente vuelven a la pobreza, otros dejan las propiedades abandonadas o no las cuidan adecuadamente. Solo unos pocos aprovechan el regalo y lo tratan como corresponde para que les dure y sea el beneficio que deseó esa persona que falleció y les dejó la herencia.

Igualmente, los hijos son la herencia que Dios nos da, un regalo de Él, que no nos ganamos. Él nos otorga este don para dejar un legado en esta Tierra. ¿Por qué tenemos una generación tan llena de maldad y de situaciones que a veces nos estremecen, que nos da miedo salir a la calle por el peligro que enfrentamos? Porque hubo unos padres que tomaron la herencia que fueron sus hijos y la malgastaron, se dedicaron a sus vidas, gustos y "derechos" y se olvidaron de encaminar a sus hijos en su propósito Divino en la Tierra.

Son Como Flechas en Manos del Valiente

¿Qué querría decir el salmista con este verso? Comencemos con las flechas. Las flechas cuando se utilizaban en tiempos de guerra, eran un instrumento para vencer, herir o neutralizar al enemigo a la distancia, ganar terreno y obtener la victoria. Las saetas o flechas eran uno de los instrumentos principales en la lucha. Existían diferentes tipos de flechas con distintos usos según fuera la necesidad.

En ocasiones los guerreros preferían unas más que otras y estas se volvían su marca. Todas eran construidas básicamente de la misma forma: una punta, un astil o tronco, las plumas y el culatín.

Las flechas eran construidas con diferentes materiales, pero básicamente de la misma forma. Un dato interesante es que lo que cambiaba era la punta. La punta era diseñada cuidadosamente para desempeñar una función específica que podía ser desde atravesar armaduras, romper sogas, herir caballos o romper tendones hasta provocar la muerte. Siempre se construía de materiales fuertes, hierro o piedra. El tronco la alargaba, las plumas le daban balance y el culatín se recostaba del arco para poder ser disparada.

Las flechas desempeñaban un papel importante, pero una flecha sola no se puede mover ni hacer nada. Hace falta la intervención de una persona, el guerrero. Este debía tener un adiestramiento adecuado, tener unas cualidades de responsabilidad, destreza, fuerza, obediencia y puntería entre otros. Los guerreros debían entrenar, como mínimo, dos veces al día en diferentes tareas tales como: caminar largas distancias, cargar mucho peso y tiro al blanco para estar listos para la guerra.

El guerrero podía intentar lanzar por sí mismo la flecha lo más lejos que pudiera. Sin embargo, jamás podría lanzarla tan lejos como le permite el arco, lo que también ayuda a la flecha a penetrar con más fuerza para ejercer su función con más facilidad. Quizás una jabalina llegue más lejos por ser más grande, pero aun así tiene un límite que está determinado por la fuerza con la que se lanza.

Los hijos tienen un propósito establecido por Dios desde antes de nacer. Dios nos los presta para que junto a Él ejerzamos una tarea de lanzarlos hacia ese plan que Dios diseñó para ellos desde antes de su nacimiento. Cada uno de ellos es esa punta de la lanza que varía porque su llamado en esta Tierra nunca será el mismo que el de otros.

Unos están destinados a derribar muros que se levantan en las vidas para impedir que lleguen al Señor, otros vienen a esta Tierra para romper cadenas que atan a las vidas, otros vienen a desestabilizar el reino de las tinieblas y establecer el Reino de Dios con sus vidas, con su adoración.

Aunque el mundo los vea como propiedad nuestra y las leyes terrenales establezcan que los padres somos los que tenemos el derecho de decisión sobre los hijos, en el reino de Dios la realidad es que Dios nos presta hijos y hace la función junto a nosotros de ser ese arco que los lanza a su destino o propósito, destino que va mucho más allá de nosotros. Sin embargo, tenemos que estar adiestrados por el Espíritu Santo para ser esos valientes guerreros que se atrevan a lanzar a esos hijos a la voluntad de Dios. Los hijos como las flechas, son lanzados al frente nunca hacia atrás del guerrero porque criamos nuestros hijos hacia el futuro, no según nuestro pasado, si lo hiciéramos de esa forma entonces estaríamos criando hijos heridos y desenfocados.

Si vemos, el escritor del Salmo, inspirado por Dios, no nos dice que los hijos son una meta que alcanzar, porque las metas tienen un principio y un fin. Si se tratara de una carrera, una vez llegamos a la meta, se acabó y busco otra carrera; si la meta son estudios, una vez que nos graduamos se acaba y nos vamos a nuestra vida laboral. Son herencia y nosotros decidimos si la malgastamos, dejando que la tecnología los crie, la televisión los instruya y el mundo les enseñe quién es Dios.

La Punta de la Lanza

Las puntas de lanza generalmente eran construidas de materiales fuertes. En los tiempos medievales, el metal era el material más utilizado. Como sabemos, el metal es un material al que se le da forma con golpes y calor, porque no doblega con facilidad.

Cuida tus pensamientos
porque se volverán palabras.
Cuida tus palabras
porque se transformarán en actos.
Cuida tus actos
porque se harán costumbre.
Cuida tus costumbres
porque forjarán tu carácter.

Cuida tu carácter
porque formará tu destino,
y tu destino, será tu vida.
Mahatma Gandhi

La punta de la lanza es comparable con la mente de nuestras generaciones. Según dijo el sabio Salomón, sobre todo guarda tu corazón porque de él mana la vida (Proverbios 4:23). El corazón es un músculo que bombea sangre y aunque sin él moriríamos, el rey se refiere al lugar en el que están las emociones, sentimientos, deseos, voluntad y como resultado las decisiones. Nuestra mente produce lo que recibe de la cultura, la familia, las amistades, las entidades gubernamentales, la música, la tecnología y la televisión, a través de los sentidos. Todo esto va colocando en la mente de nuestros hijos pensamientos, deseos y en ocasiones, pueden llevarlos a tomar decisiones contrarias a lo que deseamos como familia cristiana. Si escuchamos música que degrada a la mujer, si constantemente vemos violencia, si constantemente indicamos que la pureza sexual es para la prehistoria, ¿qué crees que sucederá en el momento en el que deban analizar, tomar una decisión o actuar?

Es por esto que los israelitas contaban a sus hijos las maravillas de Dios una y otra vez para que estos desde pequeños conocieran el Dios poderoso al que le servían, y lo usaban como forma de inculcarles una relación con Él desde temprana edad. No solo se trata de establecer lo bueno y lo malo, sino de criar hijos que conozcan verdaderamente a Dios y tengan una relación con Él todos los días. Reciban su dirección, su compañía, su amonestación y su amor. De esta manera comenzaremos a tener una generación diferente y positiva. Esto se va a dar en la medida en que llenemos sus mentes de Dios, de su amor, de testimonios de Su grandeza una y otra y otra vez. ¿Cuándo fue la última vez que tuviste un altar familiar? Un tiempo en el que tú y tu pareja dispusieran un espacio para Dios, para hablar de: las bendiciones recibidas en el hogar, la vida que les ha sido dada, la alegría de conocerle, la salvación. Un rato dedicado solo a meditar en Su grandeza guiados por la Palabra. Estar empapados para poder forjar esa fuerte e inquebrantable punta de lanza en nuestros hijos. La mente de nuestros hijos es lo que decidirá si son flechas ágiles, adecuadas y certeras, o si solo son un pedazo de madera que es lanzado, golpeado por el viento y no llega a alcanzar ninguna distancia o producir ningún impacto.

Tenemos que estar claros de esto para que estemos conscientes de lo que deseamos. Una vez Dios nos concede tener hijos, en ese momento comienza nuestra tarea. Esto no se trata de nosotros. En muchas ocasiones Dios no ha podido abrir más vientres y hacerlos parir porque no seríamos esos guerreros valientes dispuestos a lanzar a nuestros hijos a ser instrumentos de Dios en la Tierra, sino que los criaríamos con temor porque "es el único que tengo y me da miedo a que le pase algo malo porque no sé si tendré otro". Tenemos en mente el nombre, el sexo que deseamos, pensamos en darle todo lo que no tuvimos materialmente, pero no pensamos en cómo podemos provocar que ese hijo ame a Dios con todo su corazón. Vivimos en una guerra espiritual y necesitamos flechas lanzadas para cumplir lo que Dios desea hacer en esta

Tierra a través de nosotros y de nuestras generaciones Tú y yo podemos ser guardianes de ese propósito.

Si eres un Familiar o un Amigo

Más valen dos que uno, porque obtienen más fruto de su esfuerzo. Si caen, el uno levanta al otro.
Eclesiastés 4:9-10 (NVI)

4 El amor es paciente, es bondadoso. 5 No se comporta con rudeza, no es egoísta.

13 Ahora pues, permanecen estas tres virtudes: la fe, esperanza y el amor. Pero la más excelente de ellas es el amor.
1 Corintios 13:4-5 y 13 (NVI)

La travesía de la infertilidad o esterilidad, es una época muy difícil, de muchas emociones encontradas, de tristeza, desilusión y representa un golpe muy fuerte para la pareja. Usualmente es de mucha soledad porque tus amigos sentirán que no todos los entienden, que algunos les juzgan o cuestionan. Si eres amigo o amiga es tiempo de escuchar la voz de Dios para que te de la sabiduría para hablar cuando debes hablar y callar cuando debas callar. Es una época en que tu apoyo espiritual y emocional puede ser clave para manejar todas las emociones y retos que enfrentarán tus amigos.

No es necesario que comprendas todo lo que sienten, lo que sí es necesario es que hagas vallado sobre la vida, las emociones y el matrimonio de tus amigos, que los acompañes en unas ocasiones y en otras seas ese hombro en el cual llorar.

Para la familia es muy importante ser red de apoyo en los procesos que enfrentará la pareja. Los días festivos siempre son los más difíciles porque envuelven actividades en familia y le recuerdan a la pareja que no tienen hijos. En estas actividades manejen lo mejor posible el ánimo de la pareja, con mucho amor y empatía, comprendiendo que atraviesan un proceso difícil.

Mamá y papá, las intenciones son maravillosas, pero cuidado con los consejos y comentarios sobre las razones por la cuales esta situación está sucediendo. Los reclamos no van a ayudar a manejarlo mejor.

¿Qué debes hacer?

- Estar disponible para escuchar detenidamente sin recurrir a clichés (No te preocupes, Dios no va a permitir que te operen).
- Cuando no sepas qué decir, ofrece oración.
- Mencionar palabras de fe sobre tus amigos (Los planes de Dios siempre son de bien para darnos el fin que esperamos).
- No hablar sobre el beneficio de no tener hijos. No va a ayudar en nada.
- No cohibirse de preguntar cómo se sienten.
- No verter sus inseguridades en ellos. Es momento de escoger con cuidado qué diremos.
- No comenzar a juzgarlos por sus decisiones (por la gordura que tienes no puedes tener hijos).

- No ofrecer tratamientos que escuchamos o leímos. Tienen su doctor y él debe recomendar lo que es adecuado.
- Ser discreta o discreto. No compartas las confidencias de la vida de tus amigos o hijos con nadie.
- No exponerlos a lugares en los que surgirán cuestionamientos, sobre todo en los primeros meses de la noticia.
- Dejar que el Espíritu Santo te dirija.

Capítulo 7

La Vida Después de la Pérdida

Aun así

Me han dicho que no hay esperanza
que mis brazos seguirán vacíos
que mi vientre no podrá ser cuna
que no hay nada más que hacer.

Me han dicho que todo terminó
que todo se perdió
que mi vientre dejó de ser cuna
sin saber por qué.

Me han dicho que no funcionó
que la vida no surgió
que mi vientre fue cuna
y no logro entender.

Aun así, sigo creyendo en ti
aun así, sé que tienes planes para mí.
En medio del dolor eres consuelo
en medio de la enfermedad eres sanidad

en medio de la tormenta eres la calma
sé que en la aflicción no me soltarás.

Rebeca Martínez Fernández

Cuando Enfrentamos la Pérdida

Anaydeliz es una joven, y a su corta edad de 21 años, ha conocido de cerca el dolor de la pérdida. junto con su esposo Edwin cuenta cómo hace poco más de un año supieron la noticia de que tendrían un bebé. ¡Qué emoción para ambos! Lo que no sabían, en ese momento, es que 12 semanas más tarde, en una cita de rutina, recibirían la triste noticia de que los latidos de su bebé se detuvieron por completo, sin explicación. Expresaron cómo en ese momento toda esa ilusión y alegría se volvió duda y tristeza. Le tocaba sentir contracciones, pero no para recibir a su bebé en sus brazos, sino para expulsar lo que quedaba de su pequeño cuerpecito. Transcurridas 24 horas lo vio, pero no para abrazarlo y celebrar, sino para llorar su pérdida. Este evento les provocó una tristeza muy profunda, al punto que no podían tocar el tema por lo doloroso que era. Perdieron su fe en Dios y dejaron de asistir a la iglesia porque no entendían por qué estaban pasando por eso tan difícil. Incluso pensaron que habían hecho algo malo y eso llegó como castigo, o quizás sería algo que debieron haber hecho diferente, buscaban desconsolados una explicación. Edwin relata que visitaba la iglesia y aunque trataba de no demostrarlo, la ansiedad y la tristeza lo golpeaban. Trataba de entretener la mente en diferentes actividades para olvidar, pero era difícil. El pelo se le comenzó a caer y fumaba sin control.

En ese momento Anaydeliz se comenzó a sentir ansiosa por recuperar el sueño perdido. Se entristecía cuando veía bebés, cuando alguien salía embarazada, o simplemente cuando veía fotos de bebés. Casi un año transcurrió y nuevamente llegó la noticia de que serían padres, esta vez la emoción fue más grande. Estaban seguros de que habían pasado el proceso difícil y ahora les tocaba disfrutar de su bebé. Ella cuenta que comenzó este embarazo diferente, tratando de no tener temor por lo vivido anteriormente, estaban muy esperanzados. A las 12 semanas, Anaydeliz comenzó a sentir que algo no estaba bien con su embarazo, así que decidió ir a su doctora, allí se encontró con que nuevamente los latidos se habían detenido y le tocaba pasar por el duro proceso nuevamente. Ambos cuentan lo difícil de haber recibido esta noticia, de repente y sin adornos. Una vez más, a sentir dolores de parto sin poder abrazar al fruto de su espera. En esta ocasión expresan que algo diferente sucedió, en su corazón, algo se despertó y fue la Fe, la confianza en que Dios los sostendría en medio de esta segunda ocasión. Antes de tomarse los medicamentos que le provocarían las contracciones, Anaydeliz decidió arrodillarse en la camilla, orarle a Dios y pedir fortaleza para lo que estaban a punto de enfrentar. ¿Cómo aceptar que mientras has perdido un pedazo de ti, a tu lado se encuentra una mujer dando a luz un bebé de 9 meses que no desea?

Ahora, nos comparten que Dios les ha dado promesa de que les dará un hijo, no ha llegado todavía, están en el proceso de espera. Esa espera agridulce en la que conocemos a Dios de una forma hermosa, pero a la vez se vuelve eterna porque ves a tu alrededor como todos crecen y tienen sus hijos y tú vives agarrada de una promesa, que es lo que te impulsa a seguir. Como resultado, su esposo aceptó al Señor, le sirve con el corazón, decidieron casarse y han recibido de Dios palabras de aliento, sanidad de su pasado y dirección hacia el futuro.

Hoy son un matrimonio fuerte, unidos en oración, y con un vínculo especial resultado de las marcas que han producido enfrentar estas pérdidas juntos. Aseguran que solo con la ayuda de Dios pudieron salir victoriosos de estos eventos. Anaydeliz narra que en momentos de intimidad, con Dios, ora por ese bebé que Dios le va a dar en el futuro.

Al igual que todos, viven luchando con las emociones y los comentarios de las personas que quieren aliviar el dolor con palabras que a veces en vez de sanar hieren aún más. "Lo perdiste a pocas semanas, esa pérdida no duele tanto", "estás muy joven para querer hijos", "los hijos son un dolor de cabeza". ¿Te parece conocido? Las personas desean catalogar tu pérdida según su entendimiento o su experiencia, pero jamás podrán sentir lo que es una pérdida y lo que esto representa para una mujer, para un matrimonio.

Frente a la Pérdida: Una fe Inquebrantable

Eydie y Héctor son una pareja que cumplieron 33 años de casados en noviembre de 2017. Héctor es un hombre muy reservado y Eydie una mujer muy risueña y extrovertida, que siempre tiene palabras de Fe en su boca. Sin embargo, pocos se imaginan que esta pareja conoce la pérdida muy de cerca y el proceso que han vivido en su matrimonio en estos 33 años.

Desde el noviazgo planeaban una familia grande, compuesta por 12 hijos, 6 propios y 6 adoptados. Su historia comienza inmediatamente se casan, cuando aproximadamente al mes de casados reciben la noticia de que serán padres. A los 2 meses y medio del embarazo, a Eydie comienzan a darle unos dolores bien fuertes, sin imaginarse que se trataba de un aborto. Narran que en un momento le dio unos pujos bien fuertes y expulsó el feto en el baño. Colocaron el feto en un envase de cristal y fueron de emergencia al médico. Al evaluar el feto le explicaron que venía con malformaciones y eso provocó que el cuerpo lo expulsara. En ese momento no conocían al Señor. Aunque lloraron mucho, el consuelo para ellos fue que eran jóvenes, recién casados y más adelante tendrían la oportunidad de tener hijos. Fueron muy apoyados por su familia. Lo que no sabían era que no había terminado ahí el proceso. El raspe fue realizado sin anestesia mientras ella lloraba y se retorcía por el dolor, le dieron de alta al otro día, pero el dolor no se calmaba con nada y continuaba sangrando. Al día siguiente vuelve al hospital y nuevamente la ingresan, esta vez para hacer el raspe con anestesia y para descartar cualquier complicación, le abrieron el vientre para hacerle una exploratoria. Así esta mujer cuenta que experimentó tanto el dolor de parir como una cesárea a la vez. No podía evitar preguntarse por qué tenía que pasar por tantas cosas.

Enseguida volvieron a la normalidad. Esperaron 6 meses reglamentarios e inmediatamente comenzaron a buscar otro bebé, sin resultados. Tres años transcurrieron y se volvió una angustia el ver a todos con sus hijos y lidiar con las preguntas de las personas sobre cuándo tendrían hijos, los entristecía mucho, porque no estaban listos para manejarlo. Llegaban a sus casas de cumpleaños y eventos familiares, hablaban del tema y lloraban. Héctor expresa que en estos procesos se dedicó a ser apoyo para su esposa más que a fijarse en sus sentimientos.

Luego de tres años, Eydie por fin se embaraza, terminó la espera, se encontraban tan ilusionados, toda la familia bien emocionada. Ya conocían al Señor. Estaban llenos de gratitud por el regalo que Dios les concedía, por tener otra oportunidad de ser padres.

Una noche Eydie se acuesta a dormir, de pronto siente un dolor fuerte, comenzó a sentir que su cuerpo cambió, su matriz se movió y todo se ubicó como si no estuviera embarazada. Fue al baño a ver si estaba sangrando, pero no. Al día siguiente decide ir al médico a verificar que todo estuviera en orden con el embarazo y para sorpresa de todos no existía feto, había desaparecido. Le hicieron pruebas y efectivamente ya no estaba embarazada. Ante la confusión le hicieron pruebas adicionales, ya que pensaron que se trataba de toxoplasmosis, una bacteria que provocan los gatos que puede provocar diferentes situaciones de salud como esta. Cuando llegan los resultados, estos indican que lo que sucedió fue un embarazo molar. Un embarazo molar es un crecimiento anormal de la placenta que se alimenta de sangre principalmente, esto provoca que el feto sea succionado.

La situación no termina ahí, la bacteria que provoca el embarazo molar se queda en el cuerpo y continúa buscando sangre hasta que puede alcanzar el corazón, ocasionando la muerte. Entonces el dolor de la pérdida se tornó en un riesgo de muerte para ella. Debía recibir un tratamiento por un año de inyecciones semanales que costaban $100.00 cada una. A los seis meses, con el bolsillo vacío, le piden al Señor en ayuno y oración, sanidad, porque no pueden costear durante más tiempo la inyección. En ese momento Eydie narra que el Señor le dijo: "te sano". Cuando les toca el próximo análisis, efectivamente salió negativo a la presencia de la bacteria, aunque la doctora no quiso darle de alta, ella no volvió y hasta el día de hoy está sana. Héctor cuenta que estaba muy angustiado por la vida de su esposa, aunque no lo demostraba para darle ánimo.

Aunque no tenían ningún problema médico, continuaron pasando los años y no se lograba otro embarazo, ella comenzó a considerar la opción de adoptar, pero Héctor no estaba convencido porque aun deseaba darse la oportunidad de tener un hijo de ellos. Incluso tenía ya en mente nombres para sus hijos: Amos y Karis. Ella continuaba insistiendo con la idea de que una adopción va a llenar el espacio de una cálida sensación de maternidad, y quizás el enfocarse en cuidar a este niño ayudaría a lograr un embarazo nuevamente. Finalmente, Héctor accedió.

Para el tiempo que ellos decidieron adoptar, muy diferente a hoy día, existían muy pocas agencias privadas para adoptar niños por lo que fue un proceso muy largo y difícil, ya que hubo muchos eventos que incidieron en el proceso de adopción y lo hicieron uno para recordar. Una vez comienzan el proceso, la Trabajadora Social renunció, la segunda dilató el proceso un año esperando paga para agilizar el proceso, y en la tercera ocasión les hicieron un acercamiento para invitarla a una actividad en la que les aseguraban que podrían escoger el niño que desearan y sería de ellos. En esta actividad Héctor inmediatamente hizo *"click"* con un niño, jugaron todo el día y ya estaban imaginando como serían sus vidas con ese niño en su hogar. Finalmente recibieron otra desilusión, ese niño ya estaba seleccionado por otra pareja y no les permitieron adoptarlo. En esta ocasión, después de 12 años de casados, el sufrimiento que sentían era demasiado, así que decidieron descartar la adopción.

En la última ocasión le llaman para ofrecerle a una niña que estaba a punto de liberarse de la Patria Potestad de sus padres que tenían una condena muy larga, la Trabajadora Social quedó en llamarles el día siguiente para darles los detalles. Al ver que pasaban los días sin respuesta, Eydie decide presentarse a las oficinas y resultó que los padres contrataron un abogado para disminuir su condena y decidieron no entregarla en adopción. En ese momento ambos comprendieron que, aunque una adopción es un acto de amor, quizás no era la voluntad de Dios para ellos. Las leyes han cambiado desde aquel momento y las adopciones actualmente deben ser más diligentes y ágiles.

A raíz de no poder adoptar, Eydie en un momento de desesperación, toma la decisión de brindarle la libertad a Héctor para que tenga la oportunidad de cumplir su sueño de ser padre con otra persona en el futuro. Eydie temía que si lo retenía en el futuro le reclamaría que no pudo cumplir su sueño por su culpa. En medio del llanto deciden separarse, y Héctor comienza a recoger todo para poder continuar su vida. En el momento de la despedida, Héctor cayó de rodillas, abrazó a Eydie y le dijo que no podía dejarla, aunque deseaba un hijo, porque él la amaba profundamente y no podía abandonarla. Ese día decidieron no hablar más sobre hijos y dejar que Dios determinara su futuro.

Junto con el proceso de adopción, Eydie decidió someterse a un proceso de fertilidad, pero no funcionó. Un tiempo más adelante, Eydie comienza a sentir dolores muy fuertes y decide ir al médico, este le da la noticia de que le tiene que extirpar la matriz y los ovarios porque están llenos de quistes y no hay manera de eliminarlos. El problema de la matriz era aún más extenso, porque los quistes provocaban peso excesivo de la matriz, lo que provocaba que le pillara el intestino. Esto podría provocarle hasta la muerte. Aun con el riesgo a su vida, Eydie decidió no operarse porque esperaba un milagro de Dios en su vida. Los dolores eran insoportables y siguieron aumentando en duración e intensidad durante un año.

Luego de un año, exhausta de los dolores y de resistirse, narra que le dijo al Señor en oración: "aunque no pierdo la fe en ti, voy a reconocer que todos estos años tú me has demostrado de todas las formas posibles que me amas, así que no voy a luchar más, perdóname si he puesto en riesgo mi vida con el pretexto de la fe y he brincado por encima de tu voluntad". Decidió hacer las paces con Dios porque hasta ese día lo cuestionaba por no haberle dado hijos. Pidió perdón. Se realizó la histerectomía en medio de una paz que no podía explicar y cuando todos pensaron que este sería su final, que lo único que le quedaba era la tristeza y la depresión, brindó palabras de ánimo a todos los que la visitaron.

Héctor afirma que la clave ha sido Dios, en quien han encontrado descanso y les ha ayudado en todo. El verso clave de esta pareja es: "Nada nos podrá apartar de tu amor" (Romanos 8:35 RV). No importa que no entendamos, no vas a dejar de ser nuestro Dios. Héctor decidió que sus hijos serían espirituales, trabajo al que han brindado todo su empeño desde entonces. Eydie no deja su fe y espera por una matriz nueva. Ambos están claros del amor de Dios y no tienen dudas de esto. Eydie cuenta que Dios no les ha dado hijos, sin embargo, es evidente lo felices que son y lo unidos que se encuentran después de tantas vivencias y tantos años. Se encuentran cimentados en Dios, trabajando en diferentes ministerios en su iglesia y activos; se describen completos en Dios. En cada momento de su vida están claros de que Dios ha estado presente y les ha demostrado su amor. Se enamoraron no de los hijos sino uno del otro, y ellos han escogido ser felices con la pareja que Dios les dio para compartir la vida hasta que la muerte los separe. Siempre han orado juntos y le han entregado a Dios todas las situaciones que han atravesado. Nunca se han acostado enojados y son un equipo.

Eydie termina diciendo:

> *"Dios es mi Padre y como padre me ha dado lo mejor que me puede dar, y si no me ha dado un hijo es porque no puede, quizás me está cuidado de algo peor o de un sufrimiento mayor. Un día él me dirá".*

Más Allá de la Pérdida

Quizás has leído este libro y sientes que has perdido todo, más allá de haber perdido hijos, de no poder embarazarte, has perdido mucho más. Has perdido la confianza, la fe porque tu esposo o esposa te abandonó, porque no deseaba o no podía imaginarse una vida sin hijos o no pudo manejar la pérdida junto contigo como esperabas. Quizás sientes que no hay esperanza para ti, que ya no hay nada más que hacer, nada más por qué luchar, porque no te queda nada. Sientes que te han despojado de todo y no hay felicidad en el panorama de tu vida.

Tengo que decirte que, aunque el hombre tome decisiones apresuradas o equivocadas no significa que Dios te abandonó o no va a darte lo que anhelas, un futuro y una esperanza.

Porque yo te devolveré la salud, y te sanaré de tus heridas declara el SEÑOR porque te han llamado desechada, diciendo: Esta es Sion, nadie se preocupa por ella.
Jeremías 30:17 (LBLA)

Esta es una promesa maravillosa que está en su palabra. Su palabra es viva, es cierta, no falla. Dios te puede sanar y restaurar tu pasado, tu dolor y devolverte la sonrisa. Sion se utiliza en ocasiones para referirse al pueblo de Dios. Tu eres el pueblo Dios, aunque todos te hayan abandonado, Dios quiere recordarte que él está presente, ha visto tu sufrimiento, no te ha abandonado y jamás lo hará. El hombre te puede desechar porque no cumples con sus estándares, pero el único estándar de Dios es el amor. Aunque todos a tu alrededor piensen que este es tu final, Dios te quiere decir: "AHORA COMIENZO YO A OBRAR". Dale la oportunidad. Oremos:

> *Señor te pido que tomes mi corazón roto en mil pedazos. No deseo que unas los pedazos, te pido que me des un corazón nuevo, uno lleno de alegría y capaz de sonreír, un corazón listo para recibir tu amor incondicional.*
>
> *Perdono a toda persona que me haya despreciado porque no pudo entender que soy tu hija y una perla preciosa en tus manos.*
>
> *Te entrego mi dolor, mi soledad y mi frustración a ti para que tú me devuelvas la fe, tu compañía y un futuro lleno de esperanza.*
>
> *En el nombre de Jesús. Amén.*

La Pérdida de la que Pocos Hablan

Ahora quiero hablar con unas mujeres que en el principio pensaron que tener un hijo era demasiada responsabilidad, o que no estaban listas, no era lo que deseaban, el padre del bebé las abandonó y se confundieron, o simplemente sus padres decidieron por ellas por ser muy jóvenes. Me refiero a las mujeres que se han practicado abortos en el pasado, que hoy viven con el dolor de una decisión apresurada y no encuentran consuelo. Quizás no han podido tener más hijos y se culpan porque perdieron la única oportunidad que tenían de ser madres. O quizás, han tenido otros hijos que todos los días les hacen recordar aquel momento en aquel lugar en que dieron a su criatura, en adopción, por pensar que era demasiado en aquella época.

Han pasado los años, has conocido al Señor, pero la culpa no te deja acercarte a Él o crecer porque quizás piensas que no eres digna por tu pasado. Tal vez todos te juzgan y no piensan en tus sentimientos, en tu soledad, en tu arrepentimiento.

Y nunca más me acordaré de sus pecados y maldades
Hebreos 10:17 (NVI)

Una vez reconocemos nuestro pecado, somos perdonados por Dios, la sociedad juzga, todos tienen una opinión para las acciones de los demás, pero Dios te ama, te perdona y te salva. La sangre de su hijo costó demasiado para vivir constantemente reprochándote el pasado. Recibe el perdón en tu corazón y recibe la paz del Señor.

Recitemos por un momento algunas partes de la oración de David en el Salmo 51:

> *1Ten piedad de mí, oh Dios, conforme a tu misericordia; Conforme a la multitud de tus piedades borra mis rebeliones.*
>
> *2 Lávame más y más de mi maldad, y límpiame de mi pecado.*
>
> *3 Porque yo reconozco mis rebeliones, y mi pecado está siempre delante de mí.*

⁷Purifícame con hisopo, y seré limpio;
lávame, y seré más blanco que la nieve.
⁸ Hazme oír gozo y alegría,

¹⁰ crea en mí, oh Dios, un corazón limpio,
y renueva un espíritu recto dentro de mí.

¹³ Entonces enseñaré a los transgresores tus
caminos, y los pecadores se convertirán a ti.

¹⁷ Los sacrificios de Dios son el espíritu
quebrantado;
Al corazón contrito y humillado no despreciarás
tú, oh Dios.

Salmo 51 (RV)

Capítulo 8

El Dios del Siglo XXI

Desde Génesis vemos la utilización de los nombres: Adán, Eva, Caín, Abel y Set. En esos tiempos los nombres eran escogidos de acuerdo a las circunstancias del momento o los sentimientos que rodearon el nacimiento de la persona. No era un proceso de elección anticipado, debido a que no habían sonogramas y las circunstancias podían cambiar de un momento a otro, y en tal caso el nombre cambiaba. Era como un recordatorio constante de lo que sucedió en ese momento en el que nacieron, fuera bueno o malo. Vienen a mi mente: Lo-ammi que significa no pueblo mío; Benoni, que significa hijo de mi dolor; o Samuel, que significa escuchado por Dios.

Vemos en varios casos que nombraban a las personas según las circunstancias del momento y no según el destino que Dios tenía para ellos. En esos casos Dios se veía obligado a cambiar esos nombres de acuerdo al cambio radical que estaba a punto de ocurrir. Entre estos tenemos a: Abram, a Saraí y Jacob. A partir de eso, estas personas se convirtieron en personas extraordinarias dentro del plan que Dios tenía trazado para ellos desde el principio. Abraham y Sara en su vejez, llenos de dudas, con sus decisiones buenas y no tan buenas, fueron escogidos para convertirse en padres de muchedumbre; y Jacob pasó de ser un usurpador a convertirse en el hombre de Dios y el padre de lo que sería el pueblo de Israel.

¿Qué nombre has tenido hasta hoy por tus circunstancias? Tristeza, depresión, desánimo, incertidumbre. Piensas que nunca va a cambiar, que será tu nombre hasta el último de tus días. Dios está dispuesto a cambiar ese nombre y cambiar tu historia como lo hizo con Saraí, a quien cambió de ser señora a ser una princesa. Una señora es dueña de su casa, y su dominio llega hasta su familia y su descendencia, pero una princesa está rodeada de mimos, de personas que le sirven, de potestad, de autoridad, de planes y del destino de llegar a ser una reina y dirigir una nación entera, llena de influencia, no solo en su generación, sino en la generación de todas las personas que dirige.

15 *Dijo también Dios a Abraham: A Saraí, tu esposa, no la llamarás Saraí, más Sara será su nombre.*

16 *Y la bendeciré y también te daré de ella un hijo; sí, la bendeciré, y vendrá a ser madre de naciones; reyes de pueblos saldrán de ella.*

Génesis 17:15-16 (RV)

Los Atributos de Dios

Dios siempre es el mismo y jamás cambia o se muda, y el pueblo de Dios lo conocía por sus atributos. Dios tiene existencia en sí mismo, pero al igual que los nombres nos recuerdan eventos, los atributos de Dios eran recordatorios de lo que Dios es, de su carácter y lo que es capaz de hacer por sus hijos.

El Shaddai – Todopoderoso - Génesis 17:1
Jireh – Proveedor - Filipenses 4:19
Rafa - El que sana - Salmo 103:3-4
Nissi – Victoria - 1 Corintios 15:57
Shalom – Paz - Filipenses 4:7

Estos recordatorios nos hacen falta porque en nuestra desesperación a veces se nos olvida que Dios es todo esto y mucho más, y Él quiere recordártelo hoy. Con un Dios con estos atributos, ¿qué nos puede faltar? Es hora de tomar el escudo de la fe y la espada del espíritu y luchar por nuestra casa, por nuestras generaciones, por nuestra bendición. Hemos dejado de creer en la capacidad que tiene Dios de sanarnos, de proveernos lo que nos falta, de cambiar nuestra realidad. ¡No te conformes, lucha por tu bendición!

Nos hemos acostumbrado a este nuevo Dios que nos pintan, que ha cambiado, que ya no es necesario que haga milagros, que nuestro cuerpo tiene la capacidad de reorganizarse. ¿Cómo se reorganiza mi cuerpo de una adenomiosis? Hemos dejado de recurrir a la fuente de vida, al que todo lo puede, al que puede y quiere cambiar nuestro lamento en baile.

Todo lo que necesitas lo encuentras en Dios, ese es su carácter y su nombre. Y según su nombre se define, su nombre determina lo que es capaz de hacer por sus hijos, si sus hijos le piden con fe, no por un mes, un año o dos, sino siempre.

Yo soy el Señor, Dios de toda la humanidad. ¿Hay algo imposible para mí?

Jeremías 32:27 (NVI)

YO SOY

Cuando Dios elige a Moisés para ir a Egipto a pedirle a Faraón que libere de la esclavitud al pueblo de Israel, Moisés, que fue criado allí y sabía cómo eran las cosas con los Faraones, le dice a Dios: ¿y en nombre de quién le digo que estoy pidiéndole que deje ir al pueblo? Me llama la atención que Dios no le contestara inmediatamente: "dile que vas en nombre mío de Jehová".

Y respondió Dios a Moisés: YO SOY EL QUE SOY. Y dijo: Así dirás a los hijos de Israel: YO SOY me envió a vosotros.

Éxodo 3:14 (RV)

Cuando lo leí me llamó la atención y dije: "Yo soy... el que Soy". Pareciera que ni faraón ni el pueblo, en ese momento, tenían una relación muy cercana con Dios y necesitaban saber quién era el que enviaba a Moisés. Este recordatorio era para Israel y para nosotros hoy. Su respuesta YO SOY envuelve muchísimas cosas: El que tiene todo el poder, el que tiene todos los recursos, pero sobre todo, el que siempre está presente el Dios cercano, que se ocupa de sus hijos. Dios no dijo YO fui, sino YO SOY, implica que es constante. Él es el que nunca nos abandona, el que traspasó ese poder a su hijo y su hijo a la Iglesia. Por esto Jesús, en muchas ocasiones, también dijo: "YO SOY la puerta, la luz, la verdad, la vida". Si el YO SOY está presente en tu vida, es poder lo que emana de esa relación, de esa presencia; es victoria y autoridad. Solo de ver todo lo que Dios hizo para liberar a Israel de la esclavitud, nos enseña que Dios es capaz de hacer lo que sea para darnos libertad. ¡Poder es lo que le sobra! No tengas miedo, acércate, pide, cree que Él puede.

Realidad vs. Verdad

Es bien importante que entendamos que vivimos en dos mundos. Como dice la Biblia no somos de este mundo, somos ciudadanos del Cielo. Estamos aquí con una encomienda específica de ser adoradores de Dios y de llevar las buenas nuevas de salvación a aquellos que no conocen a Dios. Mientras realizamos esta tarea, vivimos en este mundo y su influencia muchas veces nos afecta más de lo que quisiéramos.

Existe algo que es la realidad. La realidad cambia constantemente, es algo que se acomoda de acuerdo al país, la cultura, la influencia de las personas y los tiempos. La realidad es: la economía, la situación social que vivimos, nuestro entorno, nuestro trabajo, amigos y familia. Todo esto es cambiante de acuerdo a lo que sucede día tras día. La realidad representa el mundo en el que vivimos. Esta realidad es muchas veces tergiversada para el beneficio de unos pocos. A fin de cuentas, para nosotros, la realidad termina siendo un espejismo. Esta realidad es la que el enemigo le gusta tergiversar o agrandar para provocarnos tristeza o desesperanza.

Por otro lado, la verdad es Dios, y solo los que somos de Él, conocemos sus verdades. Las verdades proceden de ese mundo espiritual al que pertenecemos. Sus verdades no cambian, así como Él no ha cambiado nunca. Su verdad está escrita en la Biblia y sale de su boca, y en la mayoría de las ocasiones va en contra de la realidad que nos presenta el mundo. Es ahí donde tenemos que tener nuestra mirada puesta, en el que nunca miente y sus verdades traspasan el tiempo y las épocas.

La realidad que presenta la ciencia puede decir que después de los 35 años las posibilidades de tener hijos disminuyen significativamente, la verdad de Dios dice que para Él no hay NADA imposible. Así como Elizabeth tuvo a Juan el Bautista en su vejez, Él lo puede hacer contigo. La realidad de la ciencia puede decirte que con endometriosis u ovarios poliquísticos es imposible embarazarse, la verdad de Dios dice que Él es nuestro sanador. No podemos seguir escuchando la voz de este mundo que solo nos confunde y entristece porque tiene limitaciones naturales. Sin embargo, la verdad de Dios se alimenta de lo sobrenatural que viene de Su naturaleza, de lo que Él sabe que es capaz de hacer por sus hijos. La realidad de este mundo dice que podemos lograr solo lo que podamos alcanzar con nuestras fuerzas, la verdad de Dios dice que su poder se perfecciona en nuestras debilidades. Cuando terminan nuestras posibilidades ahí Él manifiesta su poder.

Atrévete a creer en Su verdad, cierra tus ojos y oídos a la realidad del mundo que solo limitarán tu fe y te mantendrán atado a este mundo natural que se acaba. Si Él dijo que tendrás descendencia, la vas a tener; si Él dijo que te va a sanar, lo va a hacer. Si te mantienes agarrada del mundo espiritual a donde pertenecemos y a donde vamos, NADA es imposible. Comenzaremos a hablar palabras de fe, de conquista y comenzaremos a ver las cosas como Dios las ve.

El Dios de este siglo es el mismo de siempre, solo espera que le creamos, que nos pongamos de acuerdo con Él, que nos Anclemos a su Verdad, para que las obras que ha preparado de antemano para nosotros se manifiesten en este mundo.

Capítulo 9

Cambiando la Mentalidad

Estuve leyendo una novela titulada: "La letra escarlata" de Nathaniel Hawthorne publicada en 1850. La historia se desarrolla para 1666 en la ciudad de Boston. A manera de resumen, la protagonista, Hester Prynne, comete el error de embarazarse de un hombre porque piensa que su esposo está muerto. Resulta que su esposo está vivo y regresa. A raíz de esto ella es encarcelada, pero es puesta en libertad con la condición de que debe arrepentirse y llevar una letra roja en el pecho, la letra "A" de adúltera para que todos los que la miren sepan y se burlen de ella. Le colocan la letra públicamente para que todos aprendan la lección.

La letra escarlata no era más que un castigo, un recordatorio del error cometido o de la situación en la que ella se encontraba en ese momento. Representaba una marca para que los demás conocieran lo que ella había vivido en su privacidad y la juzgaran, la insultaran y la atropellaran por eso.

Luego de una vida de humillaciones y sufrimientos puede salir de Boston con su hija. Pero años después, regresa a la colonia y retoma la letra escarlata por voluntad propia. Cuando muere, es enterrada cerca de su amor y comparten una lápida que lleva marcada la letra "A".

Me pareció tan interesante esta última parte, en la que ya nadie le exigía que llevara la letra puesta y aun así ella decidió volver a usarla hasta el último de sus días. Tan es así que el epitafio de su lápida tenía la letra "A" me lleva a pensar que ya en este punto se identificaba con ella y lo que representaba. Usualmente las personas en sus tumbas desean mensajes bonitos que destaquen sus cualidades o su vida. Sin embargo, ella decidió que esa "A" estuviera en su lápida. A pesar de que era un símbolo de mucho sufrimiento.

¿Qué Letra te Identifica?

¿Te puedes identificar con la historia? ¿Has sentido alguna vez como si llevaras una etiqueta a todos los lugares que vas, tienes la sensación de que no encajas dentro de lo acostumbrado? Ya sea por decisión o por imposición, te identificas con Hester Prymme, como si siempre fueras el centro de atención de forma negativa. Ya sea porque no tienes hijos, porque no tienes pareja, porque no tienes determinada altura y peso, o porque estás en el grupo de mujeres que cobran más de $100,000 al año. De pronto, pierdes el nombre y te transformas en "la solterona", "la que no tiene hijos", "la gordita" o "la antipática con el carro caro".

Además, en cierta forma eres el objeto de preguntas poco discretas de la gente, tales como: "oye, realmente comes mucho ¿Cierto?" o "¿Qué esperas para casarte?, ¡se te está yendo el tren!"

¿Quién eres en Dios?

Los seres humanos tenemos la costumbre de enfocarnos en nuestros roles como la parte más importante de nuestras vidas. Asignamos mucho tiempo y energía a vernos bien, tener el peso ideal, conseguir una pareja, volvernos esposas, yernas, cuñadas, convertirnos en madres, suegras y abuelas; y cuando esto se tarda o no lleva el curso que entendemos natural, nos desenfocamos. Existen otros que viven para ascender o tener el trabajo de sus sueños, e invierten todo su tiempo en estudiar y posteriormente trabajar para lograr los objetivos financieros y laborales que sueñan.

A veces pienso, si nos afanáramos tanto por buscar el propósito de Dios en nuestras vidas, cuántos milagros estaríamos viendo, cuántas personas serían sanadas, cuántas personas serían libertadas de sus ataduras. No hay nada malo en soñar y crecer. Yo soy una persona muy soñadora y orientada a la meta, sin embargo, cuando la palabra indica que busquemos el reino de Dios y todo lo demás nos será añadido, pensamos: "oh si, debo asistir a la iglesia más a menudo o debo emplear un poco más de tiempo en la oración". Pero esto lo que realmente significa es que Dios sea el centro de nuestras metas, nuestros sueños, nuestras ambiciones; Él y solo Él. Si en su plan perfecto está que yo sea: empleada, tía, esposa o madre; Él sabe lo que es mejor para mí y nunca va a hacer nada para lastimarme o destruirme, NUNCA. Soy Su hija, Tu eres Su hija.

Hasta que comprendamos que Él es bueno y quiere lo mejor para nosotros, no podremos salir del hoyo de la desesperación, la decepción y la desesperanza; créeme, te lo digo por experiencia. Mientras solo estaba enfocada en tener hijos, cuándo los tendría y cómo esto me hacía menos, vivía en la tristeza, nada a mi alrededor funcionaba bien porque yo no funcionaba bien. Solo existía para una cosa, reclamar por lo que entendía que se me había negado.

No fue hasta que entendí que tengo un Dios que es todo amor y que desea mi bien, aunque no me dé hijos, que salí del hoyo en el que me encontraba. Fue como si me hubieran levantado una carga que no era mía, y yo quería llevar sobre mi espalda para llenar un estándar que me imponía la gente implícita o explícitamente. Es algo que tuve que decidir a pesar del acoso constante que aún vivo en las reuniones familiares, en algunas reuniones con amigas, de algunas personas que conozco y no saben nada de mi vida. Decidí amar a Dios más que a su explicación de por qué yo y por qué a mí.

Tu Verdadera Identidad

Nuestro ADN nos identifica como hijos de nuestros padres, debido a que tenemos un 50% de cada uno, por lo que ningún ADN es igual al de otro (excepto en gemelos idénticos). De igual forma sucede cuando conocemos al Señor, su ADN está en nosotros y se expresa a través de nuestra vida, siempre que le damos la oportunidad.

Más vosotros sois linaje escogido, real sacerdocio, nación santa, pueblo adquirido por Dios, para que anunciéis las virtudes de aquel que os llamó de las tinieblas a su luz admirable...

1 Pedro 2:9 (RV)

De la única forma que podemos pertenecer a la realeza es siendo hijas de un rey, que nuestra sangre sea de una familia real. Una vez lo conocemos, su sangre nos limpia, su identidad corre por nuestras venas. De esta forma, nunca más seremos restringidas a definiciones terrenales. Él te da un ADN único y diferente al de todas las demás para que seas su vaso único con un propósito definido.

Si tenemos características de Dios, ¿qué podemos decir de nosotras? Si Él nos llama: real sacerdocio, escogidas; ¿por qué insistimos en vernos como derrotadas, descalificadas e insignificantes?

No naciste solo para ser madre, esposa y ayuda, esos son algunos de los papeles que puedes desempeñar en tu vida de hogar, pero nada tiene que ver con el plan de Dios para ti. Lo que me lleva a pensar que aun dentro del cuerpo de Cristo, no le enfatizamos suficiente a la mujer el papel maravilloso que desempeña en los planes de Dios; de la posición privilegiada de hija dentro de la iglesia y del destino maravilloso que Dios ha depositado en sus manos.

Él no nos evalúa como el hombre, por nuestros estudios, dinero o estatus. Él mira nuestro corazón. Propósito en el que debemos invertir tiempo y todas nuestras energías, aún más que las que invertimos en alcanzar cualquier meta en la Tierra. Pero no nos damos cuenta de que, si invertimos todo nuestro tiempo y energías en cosas perecederas, cuando no estén presentes o lleguen a su fin, nos sentiremos devastados.

Sin embargo, si invertimos tiempo en lo eterno esto nunca termina, tendremos una vida verdaderamente plena.

Ahora me gustaría un tema que no escuchamos en conversaciones diarias y tampoco conocemos mucho. Pero considero que es importante y puede ser clave para el plan de Dios para nosotros.

La Adopción

El Señor me ha impulsado a escribir sobre este tema. Un tema que, en mi opinión, no se considera, no se evalúa, prácticamente no existe. Suele mencionarse cuando vemos a alguna artista de *Hollywood* que decidió adoptar un niño o niña de África, Haití o algún país necesitado, y hasta nos parece un gesto caritativo muy bonito. Sin embargo, cuando se trata de nosotros, todo lo que vemos son defectos. Culturalmente te dicen que los hijos son los biológicos, que los hijos de otros traen problemas, que no sabes qué costumbres y condiciones traen.

Ya crecido el niño, se lo llevó a la hija de faraón, y ella lo adoptó como hijo suyo; además le puso por nombre Moisés, pues dijo: ¡Yo lo saqué del río!
Éxodo 2:10 (NVI)

Y había criado a Hadasa, es decir, Ester, hija de su tío, porque era huérfana; y la joven era de hermosa figura y de buen parecer. Cuando su padre y su madre murieron, Mardoqueo la adoptó como hija suya.
Ester 2:7 (RV)

En estos versos encontramos la historia de Moisés, uno de los personajes más importantes en la historia y desarrollo del pueblo de Israel. La otra, una persona clave en un momento histórico y crítico para el pueblo judío. Sin la intervención de ambos, la historia se pudiera contar de una manera totalmente diferente, y no solo ayudaron con su obediencia a una, sino a miles y miles de personas.

Mientras escribía estas líneas me preguntaba, ¿qué hubiera sucedido si no hubieran sido adoptados? ¿Si se hubieran quedado sin alguien que dijera sí acepto el reto de criar, educar y amar a una personita que no es mía biológicamente sino sentimentalmente? Moisés hubiera muerto en el río y Ester nunca hubiera conocido a Dios y no hubiera podido ser el instrumento de salvación que fue. Entonces digo, ¿en los planes de Dios estaba que fueran aceptados y adoptados por quienes los criaron? Estoy segura que sí; y que fueron éstos clave para el desarrollo de lo que Dios hizo con la vida y ministerio de Moisés y Ester. Ambos fueron educados en palacios, donde Dios los llevó para darles acceso e influencia, lo que más tarde sería el plan para salvar a miles.

Pues no habéis recibido el espíritu de esclavitud para estar otra vez en temor, sino que habéis recibido el espíritu de adopción, por el cual clamamos ¡Abba Padre!
Romanos 8:15 (RV)

¡Qué mejor ejemplo que nuestro Dios! Nosotros que antes no éramos pueblo, Él nos amó y nos escogió para ser hijos suyos por la adopción.

No le importa cuántos problemas traemos, cual ha sido nuestro pasado, cuánto dinero tenemos, se metió en el orfanatorio de este mundo, que nos maltrató, nos dejó solos, nos destruyó y sin pensarlo, simplemente nos rescató y convirtió en sus hijos, y así podemos llamarle nuestro Padre.

¿Por qué nosotros ni siquiera consideramos tan grande gesto de amor? Hay casos en los que tener hijos biológicos no es posible por diferentes razones. ¿Por qué no considerarlo? ¿Por qué no presentarlo en oración para que Dios dirija nuestros pasos en el cuándo, dónde y cómo? ¿Por qué negarnos a brindar felicidad a otro ser humano que puede estar incluido en los planes de Dios para nuestras vidas? ¿Por qué negarnos a ser ese canal para que una vida alcance el plan que Dios tiene para él o ella?

Convérsalo con tu esposo o esposa. Si alguno de los dos tiene dudas, oriéntense antes de cualquier cosa. Pónganlo en oración. Si es el paso adecuado y el momento adecuado, Dios les hará sentirlo y pondrá todo en su lugar para que se pueda lograr. Solo debemos abrir nuestro corazón a su voluntad y olvidarnos del qué dirán los demás y de la percepción que tengan otros sobre el tema.

Oremos:

Señor estamos frente a ti porque sabemos que tus caminos son muchos más altos que los nuestros y a veces no los alcanzamos a entender. Te pedimos dirección para tomar decisiones sabias que contribuyan a tu plan en nuestras vidas y nuestra familia. Despójanos de la cultura y empápanos de ti. Ayúdanos a tomar decisiones basadas en tu voluntad y no en nuestros deseos. Dirígenos a cuándo, cómo y dónde para que podamos ser esa familia que tu anhelas para nosotros

En el nombre de Jesús. Amén.

Notas

Capítulo 1: La Crisis

Organización mundial de la Salud-Infertilidad
http://www.who.int/topics/infertility/es/

Capítulo 5: Herramientas de batalla

Nuevo diccionario Ilustrado de la Biblia, Nelson -Ayuno

Capítulo 6: La familia

Wordreference.com-Fructificad

Bibliaparalela.com-parah

www.ingramcontent.com/pod-product-compliance
Lightning Source LLC
LaVergne TN
LVHW051249080426
835513LV00016B/1818